바울이
세상에게

바울이 세상에게

© 생명의말씀사 2016

2016년 2월 17일 1판 1쇄 발행

펴낸이 ㅣ 김재권
펴낸곳 ㅣ 생명의말씀사

등록 ㅣ 1962. 1. 10. No.300-1962-1
주소 ㅣ 서울시 종로구 경희궁1길 5-9(03176)
전화 ㅣ 02)738-6555(본사) · 02)3159-7979(영업)
팩스 ㅣ 02)739-3824(본사) · 080-022-8585(영업)

지은이 ㅣ 권호

기획편집 ㅣ 서정희, 박혜주
디자인 ㅣ 박소정
인쇄 ㅣ 영진 문원
제본 ㅣ 정문바인텍

ISBN 978-89-04-16540-7 (03230)

저작권자의 허락 없이 이 책의 일부 또는 전체를
무단 복제, 전재, 발췌하면 저작권법에 의해 처벌을 받습니다.

바울이 세상에게

권호 지음

현실에 막힌 우리를 일깨우는
10가지 질문

생명의말씀사

추천의 글

세상에서 길을 잃은 사람들을 일깨우는 질문들

영적 통찰은 영적 질문에서 나옵니다. 진지하게 묻고 정직하게 답을 찾는 과정에서 신앙의 새 안목이 생기기 때문입니다. 성숙한 성도는 질주하는 삶을 멈추고 본질적인 질문을 할 줄 아는 사람들입니다. 성경이 진리, 영혼, 사랑, 영원 등과 같은 중요한 문제들에 대해 어떻게 이야기하고 있는지 들을 줄 아는 사람들입니다. 영적 질문을 가지고 하나님께 나올 때 그분은 깊은 깨달음으로 우리를 채워 주십니다.

이 책은 우리가 잊고 있던 본질적인 질문을 던집니다. 에베소서를 통해 바울이 던지는 10가지 질문을 들어 보십시오. 현실에 매몰되어 자신의 가치와 소명을 잃어버린 사람들을 일깨우는 질문들이 놀랍습니다. 에베소서에 대한 꼼꼼한 주해와 현장의 따뜻한 이야기들 속에 제시되는 질문의 답변들이 감동으로 다가옵니다.

이 책을 통해 로마의 죄수로 묶여 있었으나 참된 자유를 누렸던 바울을 만나 보시기 바랍니다. 감옥 속에서도 찬양을 멈추지 않았던 그의 영적 환희를 느껴 보시기 바랍니다. 끝까지 소명의 끈을 놓지 않았던 그의 영적 견고함을 배워 보시기 바랍니다. 자유와 찬양과 소명의 사람 바울이 던지는 질문에 정직하게 자신을 돌아보며 보석 같은 깨달음을 발견하시기 바랍니다. 이 책을 통해 바울이 던지는 메시지가 세상에서 길을 잃은 사람들에게 빛을 던져 줄 수 있기를 기대합니다.

"풀은 마르고 꽃은 시드나 우리 하나님의 말씀은 영원히 서리라"(사 40:8).

_이찬수 (분당우리교회 담임목사)

이 시대를 향한 바울의 생생한 메시지

주 안에서 사랑하는 형제요 동역자인 권호 목사님의 책을 기쁜 마음으로 추천합니다. 이 책은 권 목사님의 오랜 성경 연구와 열정적인 사역의 결과로 탄생한 명저입니다. 바울이 에베소 교회에 전했던 가르침을 현시대 상황에 적합한 메시지로 풀어내고 있습니다. 신학적 통찰과 목회적 가슴으로 자칫 딱딱할 수 있는 교리를 삶의 언어와 일상의 상황으로 연결시켜 누구나 공감할 수 있도록 풀어낸 부분이 빛납니다.

기대하는 마음으로 이 책을 펼쳐 보십시오. 이 시대를 향한 바울의 메시지를 생생하게 듣게 될 것입니다. 또한 하나님의 말씀을 삶으로 살아내기 위해 고투하는 신실한 사람들의 이야기를 듣게 될 것입니다. 동시에 책을 읽으며 나는 어떤 삶을 살아야 하는지 정직하게 고민하게 될 것입니다. 그 과정에서 주님을 위해 어떻게 살아가야 할지 구체적인 방법을 찾게 될 것입니다.

이 책을 통해 죽기까지 예수님을 사랑하며 복음을 전했던 바울의 열정이 전해집니다. 바울의 가슴을 만나는 순간 우리를 향한 예수님의 마음을 깨닫게 됩니다. 그 순간 우리 안에 식었던 심장이 다시 뛰게 될 것입니다. 멈추었던 우리의 기도가 다시 뜨겁게 울려 퍼질 것입니다. 영혼을 향한 목자의 눈물도 회복될 것입니다. 바울을 만날 뿐 아니라 바울처럼 살고자 하는 거룩한 열망으로 우리의 가슴이 타오를 것입니다.

_류응렬 (와싱톤중앙장로교회 담임목사)

암울한 현실에도 당당하게 살아가는 힘

암울한 현실로 절망의 늪에 점점 빠져 가는 젊은 지체들과 성도들에게 이 책을 추천합니다. 권 목사님은 에베소서 1장을 논의의 출발점으로 삼아 새롭게 변화된 지체들의 사례를 들어 가슴에 와닿게 설명합니다. 이 책을 읽으면 예수 안에서 '나는 누구인가'의 정체성을 재확인하고 이에 근거하여 어떤 상황에서도 쫄지 않고 당당하게 살아갈 힘과 용기를 얻게 될 것입니다.

_유상섭 (창신교회 담임목사 / 전 총신대학교 교수)

위를 바라보게 하는 믿음의 나침반

좋은 소식은 좋은 사람을 통해서 온다고 하지요. 권호 교수를 처음 만났을 때 그는 참 좋은 메신저임을 저절로 느끼게 되었습니다. 그러기에 그가 쓴 책을 기쁘게 그리고 감사한 마음으로 추천합니다.

사람들은 보통 세 가지를 따라 산다고 합니다. 이익과 재미 그리고 명분입니다. 하지만 그리스도인들에게 이런 것들보다 우선시하는 것이 있습니다. 바로 믿음입니다. 슬픔은 뒤를 돌아보게 하고 근심은 주위를 둘러보게 합니다. 그러나 믿음은 위를 바라보게 합니다.

『바울이 세상에게』는 이 땅의 모든 거류민들이 위를 보게 하는 믿음의 나침반입니다.

_방성일 (하남교회 담임목사)

힘겹고 버거운 시대를 사느라 탈진한 당신에게

남녀노소 가릴 것 없이 모두가 힘들다고 아우성들이다. 2~30대 가운데 90%가 헬조선을 떠나고 싶다는 참담한 현실이다. 전세 대란, 입시 지옥, 청년 실업, 경제 무능, 정치 실망, 종교 무력 등. 앞을 봐도 옆을 봐도 도무지 길이 안 보인다. 절망과 한숨과 탄식에 빠진 이들에게 시원한 해결책은 없을까? 헬조선을 헤븐조선으로 탈바꿈시킬 비책은 정녕 없단 말인가?

드디어 신자는 물론이요 불신자에게까지 위로와 소망의 문을 활짝 열어 주는 소중한 책이 한 권 나왔다. 저자는 바울 사도가 쓴 에베소서의 내용에서 그 해법을 찾았다. 본문의 세계(then)를 이 시대(now)에 가장 적절한 내용으로 쉽고도 맛깔스럽게 잘 풀어낸 걸작이다. 힘겹고 버거운 시대를 살아가느라 탈진해 있는 분은 없는가? 무기력한 영혼에 활력을 가져다주는 시원한 생수 한 잔이 절실한 분은 없는가? 여기 저자가 던지고 제시하는 우리 삶의 가장 소중한 질문들에 대한 지혜로운 대답에 귀 기울여 보라. 길이 보일 것이다.

_신성욱 (아세아연합신학대학교 설교학 교수)

권호 목사님은 사랑의교회 대학부가 배출한 대표적 목회자입니다. 또한 누구보다도 청년들의 마음을 헤아리기를 몸부림치는 진정한 청년사역자였습니다. 이 책의 바탕이 된 사랑의교회 대학부 연합수양회에서 전한 말씀도 입술에서 나오는 말이 아닌, 진정 자신의 삶이 녹아 있는 능력 있는 말씀이었습니다. 지금도 대학부 청년들에게 그 말씀이 큰 위로가 되고 있으며, 지친 영혼들이 힘을 얻고 있습니다. 이 책을 만나는 모든 성도들도 동일한 기쁨과 위로를 얻을 것이라 확신합니다.

_엄장윤 (사랑의교회 대학부 디렉터)

기독교 서적의 홍수 속에서 살아간다. 하지만 명확한 성경 해석을 우리의 생활 속에서 담아낸 책을 찾기 어렵다. 그 가운데 예리하지만 쉽게 풀어낸 에베소서의 말씀과 권호 목사님의 진솔한 간증이 함께 어우러진 이 책은 주님의 은혜로 우리를 초대한다. 하나님을 믿는다고 하지만 기쁨 가운데 살지 못하는 우리들을 도전하고 어떻게 다시 주님께 믿음으로 나아갈지를 알려 주는 길잡이이다.

_김준영 (전주대학교 건축학과 교수)

짙은 어둠이 내린 밤일수록 암흑을 헤쳐 나갈 빛에 대한 갈망이 절실해집니다. 희망과 비전을 잃어버린 지금 세대는 선명하고 생명력 있는 빛을 더욱 찾고 있습니다. 권호 박사는 이 책에서 성령의 영감으로 기록된 하나님의 말씀을 학자의 정확함과 목회자의 따뜻함으로 풀어 여러분을 참된 빛의 세상으로 인도합니다.

_임도균 (침례신학대학교 설교학 교수)

권호 교수님의 글에서는 복음의 따뜻한 온기가 느껴진다. 저자가 목회 현장에서 하나님의 말씀을 부여잡고 치열하게 고민하며 체득한 내용들이 가득하기 때문이다. 이 책을 읽다 보면 독자들은 사도 바울이 우리에게 던지는 열 가지 질문들에 대한 분명한 해답을 얻을 수 있다. 그 해답을 얻는 가운데 오늘도 우리 인생 가운데 살아 계신 하나님을 만날 수 있다. 그리고 그분이 우리를 새로운 은혜의 세상으로 인도하고 계심을 경험할 수 있다.

_이승진 (합동신학대학원대학교 설교학 교수)

좋은 질문은 고민하게 만든다. 그리고 그 고민은 힘이 된다. 『바울이 세상에게』는 세상에서 살아가는 성도들 마음속 숨겨진 신앙의 질문들을 쏟아 내게 한다. 이 질문들과 함께 정직하게 자신을 비워 내라. 그러면 깊고도 간결한 말씀이 당신을 채워 갈 것이다. 오늘날 세상의 높은 장벽에 낙심하거나 그 앞에서 점점 작아지는 자신의 모습에 실망하는 인생에게, 이 책은 하나님의 소명과 사명의 새 힘을 불어넣어 답답한 현실을 넘어 영광의 미래로 나아가게 해 줄 것이다.

_김대혁 (총신대학교 신학대학원 실천신학 교수)

오늘날 소망 없는 세상에 유일한 대안은 복음밖에 없습니다. 바울이 교회와 세상을 향해 복음의 소망을 전한 것처럼, 권호 목사님의 책은 절망하는 영혼들에게 소망의 빛을 비추어 주어 다시 일어나게 합니다. 특히 젊은이들에게 강력한 도전과 변화를 주는 도구라 되리라 확신합니다.

_박현신 (총신대학교 신학대학원 실천신학 교수)

세상이 아우성칠 때, 사람들이 절망할 때, 외면하지 않고 온몸으로 감싸 안았던 권호 목사, 그가 바울을 통해 던지는 이 시대 영혼의 질문들.

_권현정 (다큐멘터리 방송 작가)

바울이 에베소에 보낸 편지를 통해 권호 목사는 예수님을 믿는 이들에게 열 가지 본질적인 질문을 던집니다. 먼저 내가 누구인지를 찾았냐고 묻습니다. 또한 내 생각을 잠시 멈추고 하나님의 뜻이 무엇인지 발견했냐고 묻습니다. 그러다 마치 차 한 잔을 따라주듯 따뜻하게 하나님이 한 번 주신 인생인데 무엇을 위해 살고 싶으냐고 묻습니다. 독자들은 이러한 질문들에 대답을 찾다가 자신의 삶의 시각과 태도가 바뀌는 것을 경험할 것입니다. 이 시대에 예수님을 전심으로 따라가려는 모든 분들에게 이 책을 추천합니다.

_김융석 (뉴욕 아인슈타인 의대 교수)

이 책을 통해 그리스도의 사랑 안에서 분열이 화목케 되고 모든 것이 하나의 용광로 속에서 통일되어 질서가 잡히는 바울의 신비한 대통일론을 느꼈다. 아인슈타인의 대통일장 이론과 비교했을 때 이것은 우리 삶의 영역이며, 체험적으로 신비에 감탄하며 증명된 사실이고, 힘써 지켜야 할 하나님의 명령이다.

_이용삼 (충북대학교 천문우주학과 교수)

명료하고 간결한 권호 목사의 성경 해석과 깊은 통찰은 감옥에서 "찬송하라"고 외치는 바울의 열정적인 음성을 생생하게 다시 살려낸다. 7포를 넘어 n포 시대를 살아가는 청년들의 식은 가슴에 영적인 불을 지피기에 충분하다.

_심준호 (안산동산교회 청년부 디렉터)

이 책은 시대적 고민이 가득한 발상을 던지며, 결국 누구도 회피할 수 없는 본질적인 물음에 우리를 직면하게 한다. 공감 어린 저술을 통해 저자는 '예수님 안에서 정체성 구축하기'에 대한 오랜 숙제 같은 우리 내면의 Q & A를 다시 불러일으키고, 세상의 시각으로 '나'를 찾고 그 안에 안주하려던 삶에서 과감히 돌아설 용기를 북돋는다. 바울이 누렸을 뿐 아니라 선포했던 예수님의 자녀 된 은혜가 우리에게도 고스란히 체감되어 온다. _이은아 (숙명여자대학교 아동복지학부 교수)

삶의 여정 가운데 크고 작은 어려움을 만나고, 또 선택의 기로에 서게 됩니다. 우리의 삶을 돌아보며 "행복한 삶은 무엇일까, 어떤 선택을 해야 올바른 것일까?" 등의 질문을 하게 됩니다. 이러한 질문에 답할 때 성경은 어떻게 바라보고 있는지를 먼저 살펴보아야 합니다. 이 책은 우리가 공통적으로 던지는 여러 질문들 가운데 열 가지를 바울의 서신서 중 하나인 에베소서를 통해 답하고 있습니다. 여러 어려움 가운데 생기는 인생의 질문들을 하나님의 관점에서 보고자 하는 이들에게 이 책을 적극 추천합니다.

_박준형 (The University of Nottingham Ningbo China 교수)

책을 펴내며

이 책이 세상에 나온 것이 신기할 따름이다. 무엇엔가 이끌려 이 책을 쓰게 되었다. 그것을 무엇이라고 해야 할까. 부르심의 신비라고 말하고 싶다. 나는 내가 경험한 이 은혜를 지금 책을 읽고 있는 독자들도 경험했으면 한다.

이 책을 본격적으로 쓰기 6개월 전 나는 사랑의교회 대학부 연합수련회 강사로 초대를 받았다. 수련회의 주제는 에베소서 4장 1절에 등장하는 부르심(calling)이었다. 내가 설교해야 할 주제를 듣고 나는 묘한 느낌에 빠져들었다.

사랑의교회는 내 청춘을 불태우며 젊은이사역을 한 곳이었다. 하나님은 나를 다시 그곳으로 불러 젊은이들에게 말씀을 전할 수 있는 기회를 주셨다. 수련회의 장소는 총신대 신학대학원 양지 캠퍼스였다. 그곳은 내가 땀 흘리며 신학과 경건을 훈련했던 곳이었다. 학생이었던 내가 교수가 되어 모교의 채플 장소에서 설교를 할 수 있다는 것이 감사할 따름이었다. 처음에는 우연처럼 보였지만 어느 순간 이 모든 것이 하나님의 부르심에서 나온 축복이라는 것을 깨달았다.

수련회를 마치고 한 달 후에 나는 또 다른 초대를 받았다. 한 교회로부터 담임목회자로 와 달라는 청빙 요청을 받은 것이다. 나는 당시 교수 생활에 만족하고 있었다. 방학 때면 이곳저곳에 초대를 받아 말씀을 전할 수 있는 기쁨도 누리고 있었다. 본격적으로 시작된 교수 사역과, 기쁨과 자유로움을 주는 집회 사역을 내려놓기란 쉽지 않을 것 같았다.

하나님은 내게 진실하고 따뜻한, 그러나 당시에 조금은 어려움을 겪고 있는 성도들을 보게 하셨다. 그리고 하나님은 내게 그들을 사랑으로 품고 목양하고 싶은 마음을 주셨다. 이렇게 이어진 사역지가 로뎀교회다. 내가 주일 대예배 강해설교를 위해 선택한 책이 에베소서였다. 나는 성도들에게 구원의 놀라운 비밀과 하나 됨의 소망을 심어 주고 싶었다.

로뎀교회에서 에베소서를 열심히 설교하고 있을 때 책을 내자는 제안을 받았다. 분주함과 부담감이 싫어서 나는 거절하고 싶었다. 그러나 내가 에베소서를 묵상하고 설교하면서 느꼈던 은혜를 내 주변 사람들에게 나누어 주고 싶은 마음이 컸다. 그래서 책을 쓰겠다고 결정을 내렸다.

생각해 보니 고마운 사람들의 도움이 없었다면 책을 쓸 수 없었을 것이다. 먼저 생명의말씀사 서정희 팀장님과 박혜주 과장님께 감사를 드린다. 두 분은 나에게 이 책을 쓸 수 있도록 따뜻한 격려와 실제적 도움을 주었다. 특유의 통찰력으로 책의 맛과 멋을 살려준 누나 권현정 작가에게도 고마움을 전한다. 바쁜 가운데서도 기꺼이 원고를 읽고 교정해 준 김상래 목사님께 감사를 전한다. 바쁜 가운데서 책을 읽고 귀한 추천의 글을 주신 모든 분들이 있어서 행복했다. 마지막으로 집필 일정으로 분주한 나를 이해해 주고 늘 내 곁에서 힘이 되어 준 아내에게 사랑을 전한다.

권호

사랑과 희생이 무엇인지 가르쳐 주신

나의 어머니 왕암자 권사님께

contents

추천의 글 | 4
책을 펴내며 | 10

프롤로그_ 절망의 시대에 바울을 초대하다 | 16

Part 1 외부의 압력에 눌리지 않는 **내면의 단단함에 대해**

질문 1 감옥 같은 인생에도 노래할 수 있는가? | 23
질문 2 분명히 알아야 할 나, 누구인가? | 31
질문 3 우리가 이미 가진 것은 무엇인가? | 40

Part 2 냉소적인 마음을 깨는 인생의 신비에 대해

질문 4 비밀을 아는 사람이 과연 무기력할 수 있을까? | 71
질문 5 우리를 가로막는 벽들을 무너트릴 수 있을까? | 86
질문 6 자유롭게 사는 길이 있는데 왜 묶인 것처럼 살아갈까? | 100

Part 3 앞으로 나아가는 힘, 그리고 **삶의 도약에 대해**

질문 7 완전히 다른 수준의 삶을 시작할 수 있는가? | 123
질문 8 옛 옷을 벗어 내고 새 옷을 입었는가? | 139
질문 9 지금 내가 하는 일의 의미를 찾았는가? | 154
질문 10 인생 끝날까지 추구해야 할 것은 무엇인가? | 171

에필로그_ 입고 싶은 옷을 찾아서 | 184

주 | 189

| 프롤로그 |

절망의 시대에
바울을 초대하다

질문할 수 있는 축복

내 인생에 가장 큰 축복 중에 하나가 좋은 영적 스승들과의 만남이다. 나는 영적 스승이 흘려주는 지혜와 통찰을 듣기 좋아한다. 그래서 기회가 될 때마다 평소에 궁금하게 생각하던 묵직한 질문들을 그분들께 던지곤 하였다.

"하나님 앞에 인생이란 무엇입니까?"
"영혼의 변화는 언제 어떻게 일어납니까?"
"후회하지 않는 삶을 살기 위해 제가 지금 해야 할 것은 무엇입니까?"

인생의 길을 잃었다고 생각한 순간 이런 질문과 답을 통해 그분들은 내게 방향을 알려 주셨다. 엉킨 실뭉치처럼 삶이 복잡해졌을 때 그분들의 대답에 문제가 풀려 가는 것을 여러 번 경험했다. 영적 스승에게 묻고 답을 들을 수 있다는 것은 삶의 큰 기쁨임에 틀림없다.

질문하기 좋아하던 내가 이제 질문을 받고 있다. 목사로, 신학교 선생으로 나는 여러 가지 질문을 받아야 할 위치에 서게 되었다. 내가 과거에 영적 스승들에게 물었던 질문들을 이제 주변의 사람들이 내게 물을 때가 있다. 그럴 때면 묘한 느낌이 든다. 많은 경우 나는 사람들이 궁금해하는 질문들에 대답하지 못할 때가 많다. 대답을 해도 가볍고 표면적일 때가 많음을 스스로 느낀다. 내가 던진 질문들에 대해 깊고 분명하게 알려 주셨던 내 과거의 스승들과 너무도 다른 나를 본다. 부끄럽고 당황스럽지만 그래도 최선을 다해 대답해 주려고 한다.

우리는 때가 되면 인생의 여러 가지 문제들에 대해 질문해야 한다. 삶이 무엇인지, 의미가 무엇인지, 영원이 무엇인지를 물어야 한다. 묻지 않으면 답을 찾을 수 없기 때문이다. 그러니 이제 익숙함을 내려놓고 진지하고 진실하게 묻는 시간을 갖자. 우리는 때가 되면 질문을 해야 할 뿐 아니라 사람들에게 답을 주어야 할 위치에 서야 한다. 내가 원하든 원치 않든 그렇게 된다. 우리 아이들의 입에서 우리가 과거 부모에게 던졌던 질문을 듣게 될 것이다. 청년들의 입에서 우리가 과거 믿음의 선배들에게 던졌던 질문들을 듣게 될 것이다. 우리는 그들에게 무엇인가 답을 해 주어야 한다.

바울에게 묻다

이 책은 우리가 지나칠 수 없는 중요한 질문들을 다루고 있다. 그것은 에베소서를 읽으면서 우리가 바울에게 던지고 싶은 본질적인 질문들이다. 바울의 삶과 그가 남긴 에베소서와 같은 글을 보면서 우리는 영적 충격을 받게 된다. 그는 로마에서 가택 연금된 상태로 가이사의 심문을 기다리며 에베소서를 썼다. 그의 상황은 좋지 않았는데 그의 글에는 좋은 것들이 가득 담겼다. 에베소서를 읽어 보라. 바울의 확신, 사랑, 열정, 자유함 등이 고스란히 담겨 있다.

에베소서를 통해 그가 던지는 메시지는 우리를 매료시키기에 충분하다. 놀라움 속에서 우리는 묻게 된다. 자유로운 시대를 살아가나 묶인 것처럼 살아가는 우리에게 자유가 무엇인지 묻게 한다. 이미 가졌으나 갖지 못했다고 연연하는 우리에게 참된 소유가 무엇인지 묻게 한다. 한계와 상처에 갇혔으나 여전히 새로운 삶을 갈망하는 우리에게 그것이 어떻게 가능한지 묻게 한다. 우리가 세상 속에서 맹목적인 삶의 질주를 멈추고 이러한 질문을 던질 때 바울은 기꺼이 대답해 줄 것이다. 좋은 영적 스승으로 다가와 삶의 길을 열어줄 것이다.

우리의 질문에 대한 답을 찾는 과정으로 우리는 먼저 바울의 가르침을 주의 깊게 살필 것이다. 에베소서에서 때로는 깊게, 때로는 명료하게 전해지는 그의 통찰은 놀랍다. 그래서 존 스토트(John Stott)나 척 스윈돌(Charles Swindoll)과 같은 성경주석가들은 에베소서에 나타난 바울의 가르침을 '신학적 보물'이라고 표현했다. 질문에 대한 답을 찾기 위해 보석 같은 그의 가르침을 먼저 진지하게 살피는 것이 꼭 필요하다. 그 후에 본질적인 질문들에 답을 찾기 위해 애를 썼던 사람들의 예를 살펴볼 것이다. 이 책에 등장하는 다양한 사람들은 대부분 내가 사역 현장에서 만났던 사람들이다. 우리는 지금까지도 함께 울고 웃으면서 믿음의 길을 걸어왔다. 그 과정에서 만들어진 이야기는 거창하지도, 완벽하지도 않지만 따뜻하고 아름답다. 우리는 아직까지도 본질적인 문제에 대해서 서로에게 묻고 함께 답을 찾고 있다.

에베소서를 통해 다가오는 바울이 있다. 책을 통해 만나게 될 동역자들이 있다. 이제 중요한 것들을 묻고 함께 답을 찾아야 할 순간이 온 것이다.

Part 1

외부의 압력에 눌리지 않는 내면의 단단함에 대해

그 기쁘신 뜻대로 우리를 예정하사

예수 그리스도로 말미암아

자기의 아들들이 되게 하셨으니 (엡 1:5).

질문 1

감옥 같은 인생에도
노래할 수 있는가?

날 선 사람들

　요즘 사람들은 예민하다. 한 대학 교수는 이런 사람들을 '날 선 사람들'로 묘사하고, 이들이 만들어 가는 도시를 '히스테리의 도시'(city of hysterie)라고 표현한 적이 있다.[1]

　부정하고 싶지만, 그의 말에 공감이 간다.

　신경질적이고 예민한 기운이 도처에서 감지된다. 흉악범죄가 연일 발생하면서 체감 공포는 커지고, 경제 불황 지속으로 시민들의 사회경제적인 불안감이 높아져 가는 가운데… 개개인은 끊임없이 주변을 경계한다. 스스로 자신을 지켜 나가지 않으면 안 된다는 생각을 하는 것이다. 고슴도치처럼 날이 잔뜩 선 사람들은 서로의 신경을 자극하지 않으려고 거리를 두기를 시도하는가 하면, 언제 어디서 발생할지 모르는 사건에 대비하기 위해 서로를 감시한다.[2]

예민해진 사람들을 보면 안쓰럽다. 문제는 살아남기 위한 우리들의 예민함이 포기와 좌절로 이어진다는 것이다. 마음이 아픈 것은 이런 포기와 좌절의 한복판에 젊은 세대들이 주저앉아 있다는 사실이다.

아픈 청춘

2030 젊은이들이 한때 자신들을 '3포 세대'라고 표현했다. 연애, 결혼, 출산을 포기해야 한다고 생각한다. 이제는 3포에 네 가지를 더해 자신들을 '7포 세대'라고 부른다. 3포에 집 마련, 인간관계, 꿈, 희망까지 포기해야 한다는 것이다. 그러더니 최근에는 무한의 것을 포기해야 한다는 의미로 'n포 세대'라는 말을 쓰면서, 희망이 사라진 시대를 자조하고 있다.[3]

그렇다. 지금 대한민국 청춘이 아프다.

과거처럼 힘든 환경을 뚫고 걸출한 인물이 나올 수 없을 것 같다. 한 만평가의 작품이 생각난다. 그는 국민 81%가 이제 개천에서 더 이상 용이 나오지 않는다고 생각한다는 점을 주목하면서, 용이 되지 못한 채 개천에서 용울음을 짓고 있는 젊은이들을 희화적으로 그려냈다.

"취직하고 싶어'용'….."
"결혼 포기했어'용'….."
"희망이 없어'용'….."
"꿈, 그런 거 몰라'용'….."
"인간관계 접었어'용'….."
"다 포기했어'용'….."

이 만평을 보고 있으면 왠지 씁쓸하다. 현실의 개천에서 날아오르지 못해 울고 있는 젊은이들이 생각이 나 마음이 저리다.

감옥 같은 인생, 끊어진 노래

그러나 묻고 싶다. 과연 청년들만 힘든가? 청소년도 아프고 힘들다. 학력을 중시하는 대한민국 사회에서 입시의 틀 안에 우리의 아이들이 갇혀 있다. 중압감에 죽고 싶다고 생각하는 아이들이 한두 명이 아니다.
　중년은 어떤가? 사회에서 자리 잡기 위해 이를 악물고 달리고 있다. 살아남으려고 안간힘을 쓰고 있다. 그렇게 애쓰고 힘쓰다 어느 날 돌연 사로 쓰러지는 중년의 이야기를 우리는 자주 듣는다.
　노인들은 또 어떤가? 생활고와 외로움에 시달리며 인생의 황혼을 고통 가운데 살아가는 사람들이 많다. 몸도 점점 꼬부라지고 쇠약해져 움직이기도 힘들 때가 있다. 작은 방에 틀어박혀 사는 분들이 많다. 자녀

들조차 찾지 않아 홀로 눈물을 흘리는 어른들이 얼마나 많은지 모른다.

　아이부터 노인까지 인생이 힘들다고 느끼며 살아간다. 너무 많은 사람들이 인생이 감옥 같다고 느낀다. 그러니 기쁨의 노래, 환희의 노래가 끊어진다. 종종 노래를 부르지만 왠지 슬프게만 들린다.

　전에 우연히 들었다 깜짝 놀랐던 대중가요가 있다.[4] 아직도 가사가 기억난다. 가사의 초반이 이렇다.

"말하지 않아도 네 맘 알아주고, 달래 주는 그런 남자.
너무 힘이 들어서 지칠 때, 항상 네 편이 되어 주는 그런 남자.
한 번 눈길만 주고 갔는데, 말없이 원하던 선물을 안겨다 주는,
잘 생기진 않아도 네가 가끔 기대어 쉴 수 있게 넓은 가슴을 가진 남자…."

　노래가 감미롭고 기쁜 톤으로 잔잔하게 흐르나 싶더니, 갑자기 반전이 일어난다.

"그런 남자가 미쳤다고 너를 만나냐. 너도 양심이 있을 것 아니냐.
뭔가 애매한 놈들이 자꾸 꼬인다는 건,
너도 애매하다는 얘기야."

　그리곤 그냥 쐐기를 박는다.

"네가 운이 없는 게 기다림이 모자란 게 아냐.
그냥 넌 별로야."

분명히 노래를 들었는데, 노래가 아니다. 가슴이 철렁 내려앉는다. 그냥 현실을 던진다. 절망감을 준다.

어떤 때는 힘든 삶을 조금 더 견디고 이겨 보자는 위로의 노래도 들린다. 그러나 빠른 비트 속에 전해지는 내용을 자세히 들어 보면 한탄처럼 들릴 때가 많다. 마음속에 조용히 흐르는 평안과 기쁨의 노래는 이제 좀처럼 듣기 어려워졌다. 이제 감옥 같은 인생에서 우리는 노래할 수 없게 된 것인가?

감옥에서 신나게 부르는 노래, 율로게토스!

우리는 에베소서 1장에서 환희에 찬 노래를 듣는다. 놀랍게도 이 노래는 감옥에서 들려온다. 바울이 노래를 부르고 있는 것이다. 그의 처지는 비유적 언어로 표현하는 '감옥 같은 인생'이 아니다. 실제로 '감옥에 있는 인생', 정확히 말하면 가택 연금된 상태다. 그런데 바울은 신기하게 기쁨의 노래를 부르고 있다.

> 찬송하리로다 하나님 곧 우리 주 예수 그리스도의 아버지께서 그리스도 안에서 하늘에 속한 모든 신령한 복을 우리에게 주시되(엡 1:3).

헬라어 원문에서 에베소서 1장 3-14절은 정교하고 아름다운 한 문장이다. 이 긴 문장의 첫 단어가 무엇인지 주목해 보라. 바로 '찬송하리로다'이다. '찬송하리로다'에 해당하는 헬라어 단어는 **율로게토스**다.

율로게토스는 찬양, 축복, 높임이라는 뜻의 헬라어 명사 **율로기아**에서 온 말이다. 이 **율로기아**에서 영어 eulogy, '찬사'가 생겨났다. **율로게토스**는 **율로기아**의 형용사형으로 문장 맨 앞에 위치해서 '축복 받으소서, 높아지소서, 찬송 받으소서'라는 의미를 전달하고 있다. 이런 어감을 살리기 위해 우리말 성경 개역개정은 이 단어를 '찬송하리로다'로 번역했다.

율로게토스, 찬송하리로다! 이 첫 말에서 우리는 바울의 흥분된 마음을 느낄 수 있다. 곧 살펴보겠지만 그는 편지를 쓰면서 먼저 수신자에게 인사를 했다. 인사를 마쳤으면 차분하게 이야기를 시작해야 되는데, 바울은 갑자기 '찬양하라!'고 외친다. 자기가 찬양할 뿐 아니라, 다른 사람들도 찬양을 해야 한다고 외치는 것이다.

편지 초반에 어울리지 않는 갑작스러운 분위기의 변화가 부자연스럽게 느껴진다. 필자가 만약 설교를 시작하면서, "안녕하세요, 저는 권호 목사입니다"라고 인사를 마치자마자 갑자기 "찬양하라!" 하고 외친다면 청중들이 깜짝 놀랄 것이다. 얼마나 생뚱하겠는가? 분위기에 맞지 않기 때문이다. 그런데 바울은 지금 이렇게 찬양하라고 소리 높여 외치고 있다.

더욱이 바울은 지금 이럴 처지가 아니다. 그는 죄수다. 사도행전 28

장 16-31절에 따르면, 바울은 주후 62년경 로마에 의한 가택 연금 상태에서 에베소에 이 편지를 썼다. 가택 연금은 한 집을 지정해 정치범과 같은 죄수가 거기서 못 나가도록 가둬 두는 형벌이다.

바울은 지금 가택 연금 당한 로마의 죄수다. 그런데 찬양하고 있다. 자기뿐 아니라 편지를 받는 사람들에게도 찬양하라고 외치고 있다. 바울이 지금 인생이 감옥 같다고 축 처져 있는 우리들을 보면 주저하지 않고 외칠 것이다.

"율로게토스, 찬송하라! 여러분 왜 그러고 있습니까? 노래하십시오. 찬양하십시오. 죄수로 잡혀 있는 나도 찬양합니다. 그런데 여러분은 왜 그렇게 우울하게 살아가고 있습니까?"

인상 쓰는 그리스도인

요즘 이상하고도 궁금하게 생각되는 것이 있다. 왜 기독교인들도 행복해 보이지 않을까. 매일 심각하다. 늘 인상을 쓰고 있다. 행복의 길 예수를 외치면서, 정작 얼굴은 지옥이다. 그러니 전도가 되지 않는다. 행복한 기운, 좋은 분위기가 전해지지 않는다. 나는 종종 사람들에게 왜 그렇게 심각하게 인상을 쓰고 있냐고 묻는다. 그러면 '인생이 너무 힘들어서 그렇다'는 대답을 듣곤 한다.

인간적인 처지, 상황을 따지면 바울이 지금 환희에 차서 감사와 찬양을 쏟아낼 수 있을까? 세상의 기준으로 보면 그는 모든 것을 잃었다. 유대인 중에 유대인이었던 그가 유대인에게 고소당하고 핍박당했다. 로마시민권을 가졌던 그가 로마에 의해 감금되었다. 자유마저 박탈당해 가택 연금을 당했다. 칠흑 같은 한밤중에 놓인 인생이다.

그런데 바울은 그 깜깜한 어둠 속에서 감사의 등불을 들어 올리고 찬양한다. 감사의 빛이 점점 어둠을 몰아내고, 찬양이 온 방에 가득 찬다. 지금 이 책을 읽으면서도 '내 인생은 지금 깜깜한 밤이야'라고 생각하는 사람이 있을 것이다. 괜찮다. 주님이 계신다. 그분이 우리에게도 바울과 같이 깊은 감사로 찬양하게 해 주실 것이다.

어떻게 이것이 가능할까? 도대체 바울은 죄수의 처지에서 어떻게 그토록 기쁨에 찬 찬양을 할 수 있을까? 그 이유를 우리는 곧 살펴볼 두 번째와 세 번째 질문의 답에서 찾을 수 있다.

질문 2

분명히 알아야 할 나, 누구인가?

우연히 찾아온 필연의 질문

1964년 미국 뉴저지에서 한 총명한 아이가 태어났다.[5] 아이는 성장해서 예일대학에 입학해 철학과 문학을 공부했다. 그 후 이 청년은 독일 프라이부르크대학과 미국 하버드대학원에서 종교철학을 공부했다. 그는 하버드대학원 재학 중 종교학 특강에서 한국 화계사 숭산 승의 설법을 듣던 중 눈이 마주쳐 숭산에게 예상치 못한 질문을 받았다.

"당신은 누구인가?"(Who are you?)

순간적으로 당황한 이 학생은 질문에 대답을 하지 못하고 우물거렸다.

"하버드 학생이 당신 자신을 모른단 말인가?"

숭산 승은 안절부절못하는 청년을 보며 껄껄 웃었다. 이 학생은 충격을 받았다. 그 한마디 질문 때문에 그의 인생이 바뀌었다. 자신이 수년 동안 여러 명문대학을 전전하며 찾으려 했던 것, 깨달으려 했던 것이 결국은 '나 자신은 누구인가'라는 질문에 대한 답이라는 것을 알게 되었다.

이 청년의 이름은 폴 뮌젠(Paul Muenzen), 수도명은 현각(玄覺)이다. 그는 출가해 1992년 한국으로 건너왔다. 몇 년 후에 자신의 출가 사연을 적은 책을 출간해 대중에게 널리 이름을 알렸다. 그 후 인기가 많아지자 회의를 느낀 현각은 돌연 출국해 독일 뮌헨으로 갔다. 2009년부터 거기에 거주하며 그는 '불이선원'을 열었다. 몇 년 후 한 기자가 현각을 찾아가 취재하며 물었다.[6]

"출가하신 지 20년이 되어 갑니다. '참 나'를 찾으셨습니까?"

그러자 그는 이렇게 대답했다.

"지금 마시는 이 커피의 향이 참 좋지 않습니까?"

선문답으로 들린다. 이게 무슨 말인가? 질문에 대한 간접적, 시적 반응이다. '나는 지금도 찾고 있다. 나는 아직 모른다'는 대답이다. 그러나 여전히 답을 찾는 지금을 매 순간 기뻐한다는 대답이다.

현각의 이 말은 솔직한 고백이다. 출가한 지 꽤 오래되었지만 그는 자신이 누군지 그때까지도 몰라 여전히 찾고 있었던 것이다. 그가 영어로 번역한 스승의 책 가운데 하나가 〈오직 모를 뿐〉(Only Don't Know)이다. 자신이 누구인지 그의 스승도 모르고, 자신도 아직 모른다는 것이다. 계속 수행하며 찾을 뿐이다.

물어야 할 질문

현각 승은 똑똑하고, 진지하고, 무엇보다 정직한 사람이다. 그는 오랜 시간 자신이 누구인지 찾았지만 알 수 없었다. 왜 그런가? 인간은 자기 스스로의 힘으로는 절대 자기가 누구인지 찾을 수 없는 존재이기 때문이다. 우리는 우리를 만드신 하나님 안에서만 참 내가 누구인지 알 수 있다. 그래서 사도 바울은 '하나님 뜻 안'에서, 즉 하나님 안에서 자신이 누구인지 말하고 있는 것이다.

이 책을 읽는 여러분에게 묻고 싶다. 여러분은 누구인가? 여러분은 지금 세상 앞에서 자신을 누구라고 소개하고 있는가? 이것은 아주 중요한 문제다. 내가 나를 어떻게 보느냐에 따라 우리 삶의 감정과 태도가 바뀐다. 너무 많은 사람들이 자신이 누구인지 몰라 방황한다. 능력노 있고, 가능성도 있는데 넘어진다. 실패한다. 분명하고 견고한 정체성이 없기 때문에 나타난 필연적 결과다.

왜 우리 삶에 기쁨이 없는지 생각해 보라. 많은 경우 내가 누구인지 몰라서 그렇다. 바울이 죄수로 있을 때도 감사함으로 찬송할 수 있었던 첫 번째 이유는 자신이 누구인지 분명하게 알았기 때문이다. 내가 누구인지를 아는 것은 기쁨으로 노래하는 삶과 긴밀히 연결되어 있다.

자, 이제 바울이 하나님 안에서 자신을 어떻게 보고 있었는지 살펴보자. 우리는 바울이 쓴 단 한 구절을 살펴볼 것이다. 놀랍게도 거기에는 짧지만 강하고, 분명한 자신에 대한 정체성이 나타난다.

바울, 그리스도 예수의 사도

여러분이 지금 사랑하는 사람들에게 편지를 쓴다고 가정해 보자. 어떻게 시작할까? 보통 '○○에게'라고 받는 사람의 이름을 먼저 쓴다. 그 후 본격적으로 편지의 내용을 쓸 것이다. 그리고 마지막으로 보내는 사람 '○○가'를 씀으로 편지를 마무리 할 것이다.

에베소서는 주후 62년경에 로마에서 쓰인 서신, 즉 편지(letter)다. 당시 로마 시대에도 오늘날처럼 편지를 쓰는 일정한 형식이 있었다. 보내는 사람, 받는 사람, 그리고 신의 가호가 있으라는 식의 인사말을 쓴 후 편지 내용을 이어 갔다. 에베소서에서 바울도 당시 로마의 편지 형식을 따르고 있는 것을 볼 수 있다. 그래서 1장 1절에서 우리는 이 편지의 저자가 누구인지 분명히 알 수 있다.

하나님의 뜻으로 말미암아 그리스도 예수의 사도 된 바울은 에베소에 있는 성도들과 그리스도 예수 안에 있는 신실한 자들에게 편지하노니 (엡 1:1).

이 구절에 따르면 저자는 바울이다. 당시 문화에서 편지를 쓴 사람은 자기 이름을 쓴 후 직위 등을 기록해, 종종 자신이 누구인지 밝혔다. 예를 들어 '율리우스, 로마 공회 수석 정치가'라는 식이었다.

지금 여러분이 로마식으로 편지를 쓴다고 가정하자. 이름을 먼저 쓴다. 그리고 자기가 누군지를 밝혀야 한다. 여러분이 누구인지 가장 잘 나타나는 신분이나 현 직위를 써야 한다. 뭐라고 쓸 것인가?

바울을 보자. 바울은 자신을 누구라고 썼을까? 헬라어 원문으로 1절을 보면 이렇다.

바울, **그리스도 예수의 사도**, 하나님의 뜻으로

헬라어 원문은 우리말 성경의 문장 어순과 정반대다. 좀 생소하게 들려도 내용이 분명하게 파악된다. 바울은 여기서 자신을 '그리스도 예수의 사도'라고 소개한다. 그는 세상의 기준으로 볼 때 자랑할 것이 많은 사람이었다. 사도행전 22장 3절과 28절에서 바울은 자신의 출생 배경과 교육 배경을 이렇게 말하고 있다.

"나는 유대인입니다. 길리기아 지방의 다소에서 태어났지만 이 도시에서 자랐고 가말리엘의 제자로서 그 밑에서 우리 조상의 율법대로 엄격한 교육을 받았습니다. 나는 오늘, 여기 모인 모든 사람들처럼 하나님에 대해 열심이 있었습니다… 나는 태어날 때부터 로마 시민인 사람입니다."[7]

바울은 빌립보서 3장 4-7절에서 자신이 인간적으로 볼 때 얼마나 자랑할 것이 많은 사람인지도 말했다.

"사실 육체적으로 보면 나 스스로를 믿을 수도 있습니다. 이 세상 어느 누구보다도 인간적인 조건을 더욱 많이 갖춘 사람이 바로 나입니다. 나는 태어난 지 팔 일 만에 할례를 받았습니다. 이스라엘 민족 중에서도 베냐민 지파의 자손이며, 히브리인 중에서도 히브리인입니다. 모세의 율법은 내 인생의 안내자 역할을 하여, 나는 율법을 가장 엄격히 지키는 바리새인이 되었습니다. 율법을 지키는 것에 너무나 열심이었으므로 교회를 핍박하기까지 하였습니다. 내가 모세의 율법을 지키고 따르는 데 있어서는 그 어느 누구도 허점을 찾을 수 없을 정도였습니다. 그 때는 이 모든 것이 내게 너무나 소중하고 가치 있는 것들이었습니다."[8]

인용된 전후 문맥을 살펴보라. 바울의 엄청난 저술 분량에 비하면 자신의 이야기는 짧게 등장한다. 바울은 사람들 앞에서 자신을 변호하고, 복음을 더 효과적으로 전하기 위해서만 자신의 과거를 간략하게 언급했다.

바울은 에베소서를 쓰면서는 자신의 과거를 전혀 드러내지 않았다. 그런 것들이 참 자신을 나타내는 것이 아니라고 생각했기 때문이다. 그는 편지에 자신을 '가말리엘 문하에서 훈련받은 최고의 유대의 선생'이라고 쓰지 않았다. '유대인 중의 유대인'이라고 쓰지 않았다. '로마의 시민권을 가진 사람'이라고도 쓰지도 않았다. 단지 '그리스도 예수의 사도'라고만 썼다.

사도, 즉 **아포스톨로스**는 예수님께 부름 받고, 그분께 직접 가르침을 받았으며, 예수님의 죽음과 부활을 경험해, 교회의 지도자로 세움 받은 사람을 말한다. 예수님의 열두 제자와 바울이 사도라고 불렸다.

여기서 우리는 놀라게 된다. 바울은 지금 가택 연금 당한 로마의 죄수다. 자신의 민족 유대인으로부터 미움 받고, 로마의 정치력에 희생당한 죄수일 뿐이다. 그러나 바울은 결코 자신을 죄수로 보지 않았다. 현실의 상황으로 자신을 보지 않았던 것이다. 신앙의 눈으로 자신을 그리스도의 사도로 보고 있는 것이다. 바울은 확신에 차서 말한다.

"나는 그리스도의 사도다! 지금 로마의 죄수로 있어도 나는 부름 받은 사도다. 지금 내가 가택 연금되어 활동을 못하고 있어도 나는 복음을 전하는 사도다. 내가 비록 나이가 들고 병이 있어도 복음으로 생명을 살리는 사도다."

나는 누구인가? 철학자들, 종교인들은 이 질문을 중요한 화두로 생각한다. 그러나 정작 기독교인들은 이 질문을 진지하게 생각하지 않는다. 그러니 답도 찾지 못한다. 이제 질주하듯 달려가는 삶을 멈추고 정직하고 진지하게 물어야 한다. 나는 누구인가? 세상 앞에서 '나'를 누구라고 말하는가? 우리는 바울처럼 분명하게 말할 수 있어야 한다.

"나는 하나님의 사람이다."

감옥 같은 삶 속에서도, 바울처럼 당당하게 말할 수 있어야 한다.

"나는 절망하지 않는다. 나는 하나님께 부름 받은 일꾼이기 때문이다."

분명한 정체성, 넘치는 기쁨

우리는 남이 좀 알아주면 기를 펴고, 남이 한마디 비난을 하면 바로 위축된다. 남이 나를 알아주지 않으면 자신은 아무것도 아니라고 절망한다. 좋은 학벌, 좋은 직장이 없으면 이류 인생이라고 생각한다. 돈이 없고, 집이 없으면 비참한 사람이라고 생각한다. 나이 들어 머리가 희어지고, 허리가 휘어지면 자신의 가치가 없어졌다고 생각한다. 그렇게 우리의 정체성도 너무 쉽게 휜다.

도대체 누가 당신을 그런 사소한 존재라고 말했는가? 성경은 절대 그렇게 이야기하지 않는다. 그런 기준이 진짜 우리가 누구인지를 나타내다면, 바울은 분명 좌절해야 했다.

한때 전 유대에 이름을 날리던 그가 무명한 자가 되었다. 좋은 가문과 학벌을 분토처럼 버렸다. 집을 떠나 이리저리 돌아다니는 인생이 되었다. 그러다 결국 타국에 갇히고 말았다. 머리는 빠지고 육신은 질병에 걸렸다. 겉으로 보면 절망의 인생, 서서히 죽어 가는 처지였다. 분명 하나님께 부름을 받았는데, 자유는 박탈당하고, 공들였던 사역은 더 이상 할 수 없게 되었다. 우리라면 어떻게 했을까? 절망했을 것이다. 이럴 때는 절망이 딱 맞는 행동이다.

그러나 놀랍게도 바울은 전혀 절망하지 않았다. 조금도 위축되지 않았다. 그는 오히려 확신에 차 있다. 기쁨까지 느껴진다. 심지어 자신의 처지가 죄수이지만 전혀 부끄러운 일이 아니요, 오히려 영광이라고까지 말한다.

> 그러므로 너희에게 구하노니 너희를 위한 나의 여러 환난에 대하여 낙심하지 말라 이는 너희의 영광이니라 (엡 3:13).

참으로 놀라운 일이다. 바울의 처지는 죄수인데 너무도 당당하다. 힘이 느껴진다. 기쁨까지 넘친다. 확신과 또렷함으로 자신을 하나님의 사람, 그리스도의 사도로 소개한다. **'바울, 그리스도의 사도!'** 이것이 복음이다.

질문 3

우리가 이미 가진 것은 무엇인가?

자기 연민에 빠진 사람들

우리는 자신이 이미 가진 것을 보지 못하는 경향을 가지고 있다. 자기가 가진 것을 보지 못하면 남의 것에 기웃거리게 된다. 남의 것에 기웃거리면 비교가 시작된다. 이렇게 시작된 비교는 부러움을 지나 갖지 못한 자신에 대한 연민으로 이어진다. 자기 연민은 필연 절망감으로 바뀐다.

여러분은 지금 무엇이 없어서 절망하고 있는지 생각해 보라. 무엇이 없기 때문에 자신을 불쌍한 존재라 여기고 있는가. 목회를 하면서 가장 안타까운 순간은, 믿음을 가졌다는 사람들이 자기가 원하던 것을 갖지 못하게 되면 자기 연민에 깊이 빠져 허우적거리는 모습을 볼 때다. 한

때 하나님을 사랑했고, 그래서 그분의 말씀을 붙잡고 열심히 기도하며 섬겼다. 그런데 자신이 생각했고 원했던 것과는 전혀 다른 것이 주어진다. 감옥 같은 어두운 환경이 펼쳐진다. 그런 상황이 벌어지면 그토록 신실했던 사람들이 너무 쉽게 절망한다.

기도하며 열심히 대학을 준비했는데 원하던 곳에 들어가지 못했다. 할 수 없이 차선의 학교에 들어갔다. 그러면 대학생들은 이런 말을 입에 달고 산다.

"목사님, 이 대학은 제가 다닐 만한 학교가 아니에요."

하나님을 의지하며 입사를 준비했다. 그런데 원서만 계속 쓰고 취업 준비만 3년째다. 그러면 많은 청년들이 좌절감에 휘둘리며 말한다.

"하나님이 이해가 안 됩니다. 어떻게 제게 이러실 수가 있죠?"

그러다 취업을 한다. 본인도 열심히 하고, 공동체도 열심히 기도해서 일할 기회가 주어진 것이다. 그런데 얼마 못가 직장에 만족하지 못하고 다시 실망한다.

"이 직장은 제게 어울리지 않습니다. 제가 하나님을 얼마나 열심히 섬겼는데… 하나님이 어떻게 이런 곳에 저를 보내실 수 있죠?"

젊은이들만 이런가. 어른들도 마찬가지다. 교회를 열심히 섬겼다. 그런데 남편 사업이 기울거나, 직장에서 명예퇴직을 당했다. 집안의 경제적 상황이 어려워진다. 자신이 기대하던 것들을 가질 수 없다. 원했던 것들을 누릴 수 없다. 그러면 너무 쉽게 주저앉는다.

"하나님 말씀 따라 열심히 섬기며 살았습니다. 그러면 축복해 주셔야지, 왜 이토록 어려운 상황을 만드시는 겁니까?"

하나님을 사랑하고 신뢰하며 섬겼다. 인생의 좋은 열매를 얻고 싶었다. 그래서 기도하며 최선을 다했다. 그러다 예상치 못한 어려운 결과를 얻으면, 그토록 아름답게 믿음을 지켜 온 사람들이 실망에 빠지고 만다. 실망이 자기 연민으로 빠지면 신앙의 침체에서 헤어나기가 쉽지 않게 된다.

이미 많은 것을 가졌다

앞에서 살펴본 것같이 에베소서 1장 1절에서 바울은 자신이 누구인지 분명하게 말했다. 그는 현재 로마의 죄수다. 그러나 바울은 자신을 죄수로 보지 않았다. 그는 당당하게 '그리스도 예수의 사도'라고 자신을 소개했다. 바울은 자신이 누구인지를 밝히고, 간단하게 인사를 한 후, 본격적으로 편지를 써 내려 간다.

앞서 말한 대로 인사를 마치자마자 바울이 갑자기 흥분된 어투로 '찬양하라'고 외치기 시작한다. 세상적으로 볼 때, 바울의 화려한 과거 경력은 이제 없다. 현재 죄수로 아무것도 없는 신세다. 그런데 하나님 안에서 자기가 누구인지 아니까 갇혀 있어도 기뻐할 수밖에 없었다.

또 다른 이유는 바울 자신과 예수를 믿는 성도들이 많은 것을 가지고 있다는 걸 알았기 때문이다. 많은 것을 가졌기에 기뻐하는 것이 당연하다. 바울은 우리가 이미 가지고 있는 것들에 대해 말하기 시작한다.

> 찬송하리로다 하나님 곧 우리 주 예수 그리스도의 아버지께서 그리스도 안에서 하늘에 속한 **모든 신령한 복을 우리에게 주시되**(엡 1:3).

바울은 우리가 가진 것을 '복'(blessing)이라는 단어로 표현했다. 이 복은 자신만 가진 것이 아니라, 그리스도를 믿는 모든 사람들이 이미 가진 것이다. 이 복은 하나님께서 그리스도 안에서, 즉 그리스도를 통해서 믿는 자에게 주신 것이다.

바울은 갇혀 있었지만 자신과 믿는 자들이 받은 복에 대해 말하지 않고서는 견딜 수 없었다. 그가 생각하기에 이 복은 너무도 귀한 것이었다. 그래서 기쁨과 환희에 차서 찬송하라고 외치는 것이다. 그의 이런 흥분된 마음은 찬송하라는 첫 단어에만 드러나는 것이 아니다. 7이 긴 문장에서도 나타난다.

'찬송하라'로 시작된 신령한 복에 대한 내용인 3-14절은 한 문장이다. 바울은 그리스도 안에서 우리가 얻게 된 신령한 복에 대해서, 숨도 안 쉬고 한 문장으로 쭉 써 내려 간 것이다. 우리말 성경이나 대부분의 영어 성경은 총 열두 절 길이의 이 말씀을 독자들이 읽기 편하도록 마침표를 써서 여러 개의 단문으로 잘라서 번역했다. 그래서 여러 문장으로 보이지만, 3-14절은 원래 한 문장이다. 그렇다. 바울은 지금 기쁨에 차서 폭포수와 같이 그리스도 안에서 우리가 누리게 된 복에 대해 감사와 찬양을 쏟아내고 있다.

세상 복 vs. 신령한 복

우리는 '복'이라고 하면 많은 경우 세상에서 누리는 복을 생각한다. 세상에서 받는 복이 나쁘다는 말이 아니다. 목회자로서 나도 성도들이 많은 복을 받았으면 좋겠다. 가족이 모두 건강하고, 자녀들이 좋은 학교와 직장에 다니면 좋겠다. 부부가 건강하고, 온 가족이 행복했으면 좋겠다. 성도들이 재정적인 축복을 받아서, 넉넉한 물질로 많은 하나님의 일을 감당할 수 있으면 좋겠다. 우리 모두 자신과 가족들이 이런 복을 받도록 하나님께 자주 기도드렸을 것이다.

그러나 그게 다인가? 신앙이 깊어질수록 정직하게 고민해 본다. 이런 것들만 받기 위해 기도한다면 우리 기독교인들이 약수터에서 복을 비는 사람, 무당에게 복을 비는 사람들과 무엇이 다를까? 이런 세상적인 복을 받기 위해 교회에 나오는 사람들이 많아지면서, 기독교는 가볍고 심지어는 천박한 모습으로 변해 가고 있다.

바울이 지금 말하고 있는 '참된 복'이란 무엇인가? 바로 신령한 복이다. 쉽게 풀어 말하면 **'영적인 복**(spiritual blessing)'이다. 이 복이 영적인 것이라고 말해야 할 이유는 본문이 말하는 것처럼 이것이 **하늘에 속했기 때문**이다. 이게 우리가 받아야 할 진짜 복이다. 이 영적인 복이 없으면 세상 복을 가졌어도 헛것이다. 반대로 세상의 복이 지금 내게 없어도 이 영적 복을 누리면 부러울 것이 없다.

바울은 하나님의 위대한 계시를 통해 '아! 우리가 그리스도 안에서 정말 놀라운 것을 받았구나!'라고 무릎을 치며 깊이 깨달았다. 그리고 자신이 깨달은 것을 가르쳐 주고 있는 것이다. 바울이 말하는 이 참된 복, 놓칠 수 없는 소중한 영적 복이란 무엇인가?

첫째 복, 하늘의 가족이 되다

바울은 우리가 세 가지 영적인 복을 가졌다고 말한다. 그 첫 번째가 바로 우리가 하나님의 자녀, 즉 가족이 되었다는 것이다. 하나님의 가족이 된다…. 왠지 가슴이 뭉클해진다. 바울의 말을 들어보자.

> 그 기쁘신 뜻대로 우리를 예정하사 예수 그리스도로 말미암아 자기의 아들들이 되게 하셨으니(엡 1:5).

'자기의 아들들이 되게 하셨으니'의 문자적 뜻은 '입양해 주셨다'이다. 헬라어식 표현은 **에이스 휘오쎄시안**인데, 보통 영어로 'predestined us to adoption as sons'이라고 번역된다. 바울은 어떤 사람이 자식이 없을 때 입양하는 로마의 제도를 가지고 구원에 대해 설명하고 있다. 바울은 지금 구원이란 하나님께서 우리를 입양해 주셔서 자녀 삼아 주시는 것으로 정의하고 있는 것이다.

부모 없이 버려졌던 우리가 그리스도 안에서 하나님의 자녀가 된 것이다. 흠 많고, 상처투성이 고아였던 우리를 그분이 택하시고, 자녀 삼아 주셨다. 우리가 이런 엄청난 복을 받았다! 하나님께 입양되어 가족이 되었다! 그래서 우리는 감사와 찬양을 멈출 수 없는 것이다.

에베소서 2장 19절에서 바울은 이 축복을 다시 한 번 강조한다.

> 그러므로 이제부터 너희는 외인도 아니요 나그네도 아니요 오직 성도들과 동일한 시민이요 하나님의 권속이라 (엡 2:19).

'권속'이라는 말은 헬라어로 **오이케이오스**인데 family의 유의어 household, 즉 '가족'이라는 뜻이다. 쉬운성경은 이 구절을 좀 더 쉽게 이해할 수 있도록 이렇게 번역했다.

> 이제 여러분은 더 이상 낯선 나그네나 손님이 아닙니다. 이제는 하나님의 거룩한 백성으로 하늘의 시민이요, 가족입니다 (엡 2:19).

감격의 말씀이다. 부모가 없어서 버려진 우리가 그리스도 안에서 하나님의 가족이 되었다. 입양할 때 아이가 부모를 선택하는 것이 아니다. 부모가 아이를 선택한다. 그래서 바울은 구원을 하나님께서 주신 은혜, 그분의 선물이라고 표현했다.

> 너희는 그 은혜에 의하여 믿음으로 말미암아 구원을 받았으니 이것은 너희에게서 난 것이 아니요 하나님의 선물이라(엡 2:8).

하나님께서 우리를 당신의 가족으로 입양해 주셨다. 엄청난 복이다. 예상치 못한 은혜의 선물이다. 그래서 우리는 기뻐하지 않을 수 없다. 찬양하지 않을 수 없다.

Finally, all at home!

나와 친분이 있는 박 목사님이라는 분이 계신다. 박 목사님은 미국에 살고 있는데 대가족이다. 자녀가 여섯 명인데 그중 두 명은 입양했다. 사모님이 아이 넷을 낳고 두 명을 입양했다. 결혼 전부터 사모님은 박 목사님에게 입양 의사를 밝혔다고 한다. 박 목사님은 갈등하셨지만 거절하면 사모님과 결혼을 못할까 봐 결국 동의했다. 결혼 후 박 목사님은 전략적으로 아이를 많이 낳았다. 아이가 많으면 사모님이 입양하려는 생각을 접을 것이라 계산했던 것이다.

그런데 아니었다. 네 명의 아이들이 어느 정도 크자 사모님은 결혼 전에 했던 약속, 입양 얘기를 꺼냈다. 사모님도 한국에서 입양된 분이었기 때문에 부모로부터 버려진 아이들에 대한 애틋한 마음이 늘 있었던 것이다. 박 목사님은 고민을 했다. 자신이 낳지 않은 아이를 사랑할 수 있을지에 대한 고민과 더불어, 우리 돈 2천 4백만 원이 넘는 입양 비용을 마련해야 하는 부담감도 컸다. 하지만 결혼 전 약속한 대로 여자 아이 레이첼(Rachel)을 입양했다. 당시 박 목사님이 입양을 하면서 느꼈던 고민을 솔직히 쓴 글이 있다.

"순종하는 마음으로 레이첼을 입양했다. 입양하면서 들었던 생각이 첫째 '재정 문제', 둘째 '이 아이를 내 아이처럼 사랑할 수 있을까?', 셋째 '이상한 종자가 아닐까?' 하는 고민이었다. 입양 수속을 밟고 이래저래 필요한 돈이 2만 4천 불(한화로 2천 4백만 원이 넘는 돈이다)이었는데 수중에는 2천 4백 불도 없어서 걱정하는 상황이었다. 그런데 아내가 말했다. '미국에서 차가 필요하면 돈을 빌려서라도 사지 않느냐? 그러니 돈을 빌리자!' 그래서 10개월에 걸쳐 기적적으로 레이첼을 데리고 왔다." 9)

레이첼은 예쁘게 잘 성장했다. 그런데 레이첼이 청소년이 되자 사모님은 또 한 명의 아이를 입양하고 싶다고 박 목사님께 말했다. 물가가 올랐기 때문에 레이첼을 입양할 때보다 더 많은 돈이 필요했다. 가난한 목회자 가정에 무슨 돈이 있겠는가? 그런데도 두 사람은 기도하며 어떻게든 돈을 마련하기 위해 애를 썼다. 얼마 후 박 목사님이 마침내 재정적인 준비를 끝내고, 쏘피(sophie)라는 여자 아이를 입양했다는 소식을 그의 SNS에서 알게 되었다.

"가정 법원에서 인터뷰를 마치고 아이를 잘 키워 달라는 부탁과 함께 기쁨으로 숙소를 향하는 아내와 딸. 입양이라는 아름다운 씨앗을 심어 준 아내, 입양의 열매를 맛보게 한 우리 딸, 하나님의 축복!" [10]

두 번째 아이 쏘피를 입양하자 다섯 명의 아이들이 새 가족이 될 쏘피의 방을 예쁘게 꾸며 주었다. '웰컴! 쏘피'를 외치며 흥분된 마음으로 아이를 맞아 주었다. 그 모습을 상상할 수 있는 사진과 짧은 글을 보았을 때 내 마음이 찡해 오는 것을 느꼈다.

"Finally! All at home." (마침내 우리 모두 집에 왔다). [11]

그전까지 고아였던 쏘피가 마침내 집에 온 것이다. 그리고 몇 달이 지났다. 박 목사님은 쏘피가 새 가정에 적응해 가는 모습을 계속 기록으로 남겼다.

"쏘피가 새로운 환경에 얼마나 잘 적응하는지 놀랍다! Lovely 늦둥이!" [12]

목사님에게 쏘피는 이미 친자식이 되어 있었다. 최근 쏘피의 사진을 다시 볼 기회가 있었다. 얼굴에 그늘 한 구석 없었다. 활짝 웃어서 입이 귀에 걸릴 정도로 행복한 모습이었다. 아름다운 가족이 준 감출 수 없는 기쁨이 빛나고 있었다.

나를 입양하기 위해 치르신 대가

몇 천만 원의 빚을 내서 아이를 입양한 박 목사님을 보면서 많은 사람들이 감동했다. 두 아이를 자기 자녀로 삼기 위해 기꺼이 값비싼 대가를 지불한 그분의 사랑과 희생 때문이었다.

그렇다면 하나님이 우리를 입양하시기 위해 치르신 비용, 대가는 무엇인가? 그것은 도저히 값으로 따질 수 없을 만큼 소중한 것이었다. 바로 **당신 아들의 피, 그리스도의 죽음이다.** 그렇게 그리스도 안에서, 그분의 십자가의 죽음을 통해서, 우리가 하나님의 자녀가 되었다! 그렇다. 그리스도의 피라는 대가 지불이 있었기에 고아 같은 우리가 하나님을 아버지라고 부를 수 있게 된 것이다.

바울의 가르침을 통해 우리는 깨닫게 된다. 하나님께서 외로움에 떨고 있는 고아 같은 우리를 그냥 두시지 않았다. 죄의 길에서 범죄하며 어둠 속에서 방황하는 우리에게 '이리 오렴! 왜 외로워하고 있니? 내가 너의 부모가 되어 줄게'라고 하시며 당신의 가족으로 삼아 주셨다. 그것을 위해 당신 아들의 생명, 그리스도의 피를 기꺼이 지불하시고 우리를 자녀 삼아 주셨다.

은혜는 누리고 사랑은 찬양하라

하나님이 여러분과 나를 왜 죄의 어두운 길에서 불러내셨는지 아는 가? 우리를 사용해 교회를 세우시고, 복음을 전파하며, 세상을 변화시키려는 게 아니다. 이런 것들도 중요하지만 그것은 차후의 문제이다. 하나님이 우리를 어둠에서 불러내신 가장 큰 이유는 우리를 사랑하셨기 때문이다. 우리를 당신의 자녀로 삼으시기 위함이다. 그래서 기꺼이 예수님이 피의 대가를 지불하신 것이다.

하나님을 위해 우리가 어떤 행동을 하는 것이 필요하다. 그분을 위해 어떤 다짐을 하는 것도 중요하다. 그러나 그보다 중요한 것은 하나님께서 베풀어 주신 그 은혜를 깊이 누리는 것이다.

입양된 아이가 입양해 준 부모에게 혼날까 봐 불안해하면서 밥 먹는 것, 쓰레기 버리는 것 하나하나까지 신경 쓰고 긴장해야 한다고 생각해 보라. 그건 가족이 함께 살아가는 집에서 가져야 할 태도가 아니다. 부모님이 계신 집에 오면 편해야 정상이다. 그냥 엄마 아빠 품에 안겨 자유롭고 편하게 쉴 수 있어야 한다. 그게 가족이고 집이다.

우리는 하나님의 가족이 되었다. 무엇보다 먼저 하나님 아버지 품에서 누리고, 쉬며, 기뻐하라. 그것을 위해 하나님께서 그리스도의 피를 지불하셨다. 우리에게는 다른 어떤 것보다 이 은혜를 깊이 누리는 것이 필요하다.

교회를 다니는데 아직 하나님을 모르는 분들이 있다면 '그런 척'의 단계를 벗어나라. 구원받은 척, 기도하는 척, 찬양하는 척할 필요가 없다. 하나님 아버지께서 여러분 곁에 이미 와 계신다. 척하지 말고 그냥 그분께 달려가 착 안기면 된다. '하나님, 나 여기 있어요! 그동안 너무 외로웠어요.' 이렇게 하소연하며 달려가 '아버지!'라고 부르면 된다. 눈물 흘리며 기쁨으로 나를 자녀 삼아 주신 하나님을 찬양하면 된다.

둘째 복, 자유인이 되다

바울은 한없이 격양된 감정으로 우리가 받은 신령한 복에 대해 찬양한다. 그러나 자세히 보면 그 내용이 매우 세밀한 구성으로 짜여 있다. 대나무가 쭉 하나로 되어 있지만 각 부분이 정확한 마디로 구분되어 있는 것과 같은 모양새다.

앞에서 살펴본 1장 4-6절까지의 입양 이야기는 성부 하나님께서 하신 일이다. 이어지는 7-12절까지는 성자 예수님께서 하신 일에 관한 것이다. 마지막으로 13-14절은 성령께서 하신 일에 관한 것이다. 각 단락은 그 끝(6, 12, 14절)에서 '영광을 찬송하게 하려는 것이라'는 말이 반복되며 의미 단락이 구분된다.

4-6절에서 바울은 성부 하나님의 구원 사역을 자녀 삼음, 즉 '입양'이라는 개념을 가지고 설명했다. 이제 그는 7-12절에서 성자 예수님

의 구원 사역을 '속량'이라는 말로 설명한다.

> 우리는 그리스도 안에서 그의 은혜의 풍성함을 따라 그의 피로 말미암아 **속량** 곧 죄 사함을 받았느니라(엡 1:7).

'속량'이라는 헬라어 단어 **아폴뤼트로시스**는 노예가 자유를 얻기 위해, 혹은 죄수들이 선고받은 형을 면제받기 위해 속전, 돈(ransom)을 지불하는 행위를 말한다. 이스라엘 백성들은 구약적 배경에서 속량이 무엇을 의미하는지 잘 안다.

> 만일 너와 함께 있는 거류민이나 동거인은 부유하게 되고 그와 함께 있는 네 형제는 가난하게 되므로 그가 너와 함께 있는 거류민이나 동거인 또는 거류민의 가족의 후손에게 팔리면 그가 팔린 후에 그에게는 속량 받을 권리가 있나니 그의 형제 중 하나가 그를 속량하거나 또는 그의 삼촌이나 그의 삼촌의 아들이 그를 속량하거나 그의 가족 중 그의 살붙이 중에서 그를 속량할 것이요 그가 부유하게 되면 스스로 속량하되(레 25:47-49).

여러분이 고대 이스라엘 시대에 살고 있다고 생각해 보자. 생활이 어려워서 돈을 빌려 썼는데 갚지를 못했다. 결국 돈을 빌려 준 사람의 종이 되었다. 주인은 당신의 감정이나 몸 상태를 생각하지 않고 무자비하게 일을 시킨다. 일을 죽도록 하는데도 돈은 모이지 않고 오히려 빚만 더 쌓인다. 자식들까지도 종이 될 상황에 처했다. 이제 어떻게 해야 될까? 도대체 어떻게 벗어날 수 있을까?

길은 하나다. 스스로 갚을 수 없으니 누군가 도와주어야 한다. 누군가 당신을 위해 돈을 대신 지불해서 종의 신분으로부터 자유롭게 해 주어야 한다. 그게 바로 속량이다.

에베소 성도들은 구약뿐만 아니라 현재 자신들이 살아가고 있는 로마 시대에도 속량이 시행되고 있었기 때문에 이 개념을 잘 알았다. 로마 시대에도 속량이란 여전히 돈을 지불하고 노예 신분을 자유롭게 하는 것을 말했다. 그래서 고대 헬라어에서는 이 단어가 자유, 구원, 풀어 줌이라는 의미로 사용됐다.

묶여 있는 사람들

바울은 우리가 속량을 받았다고 말한다. 이 말을 듣고 '나는 노예나 죄인이 된 적이 없는데'라고 생각하는 사람이 있을 수 있다. 그러나 7절을 자세히 보라. 바울은 우리가 속량, 즉 죄 사함을 받았다고 분명하게 말한다. 그렇다면 속량받기 전에 우리는 죄인이었다. 더 정확히 말하면 죄의 종, 죄의 노예였다. 바울은 로마서에 이 점을 거듭 강조하고 있다.

너희가 본래 죄의 종이더니(롬 6:17).

너희가 죄의 종이 되었을 때(롬 6:20).

 인간 사회를 잘 들여다보면 사람들이 뭔가에 묶여 있다는 것을 알게 된다. 각종 중독에 빠진 사람들이 많다. 텔레비전에 빠져 있다. 핸드폰에 코를 박고 산다. 게임을 달고 산다. 현대인이 언뜻 보면 과거보다 더 자유롭게 살고 있는 것 같지만 무엇인가에 사로잡혀 끌려 다닌다. 그리고 그 사로잡힘의 결과로 결국 죄의 종이 되는 것을 볼 수 있다.
 예를 들어 컴퓨터나 스마트폰의 출현으로 한참 발전 중인 미디어를 생각해 보자. 젊은 청년들뿐 아니라 어린 아이들까지 미디어에 푹 빠져 있다. 현대사회 미디어 생태계의 변화를 연구하는 한 전문가는 미디어에 묶여 사는 사람들의 모습을 다음과 같이 묘사했다.

[많은 사람들이] 스마트폰과 패드 스크린에 포획되어 하루를 보낸다. 휴대전화 알람소리에 일어나고, 눈을 비비며 문자 메시지를 확인한다. 그때부터 끊임없이 스마트폰과 패드, 컴퓨터 화면을 바라보며 검색하고 소비하고 소통하다가 잠자리에 누워서 스마트폰이나 패드를 매만지다 잠이 든다.[13]

 이렇게 미디어에 묶이면 필연 그것이 전달하는 메시지에 젖어 들게 된다. 우리가 잘 아는 바 미디어가 제공하는 콘텐츠가 건전한 것만 있는 것이 아니다. 폭력성과 성적 충동을 자극하는 콘텐츠가 넘쳐 난다. 분별력 없는 청소년들과 혈기 넘치는 청년들이 여기에 유혹되어 희생된다. 건전한 가치와 소중한 시간을 허비하게 된다. '이래서는 안 되겠구나'라고 깨달았을 때는 많은 경우 이미 끊을 수 없게 된 상태가 되어 있다. 미디어가 제공하는 악한 콘텐츠에 중독이 되어 버린 것이다. 결국 너무 어린 나이부터 죄의 종이 되어 버린다.

뉴스를 보다 보면 이 세상에 죄가 만연해 있다는 사실을 부인할 수가 없다. 인간은 죄의 종이 되어 악을 행한다. 힘 있는 특정 그룹들은 자신들의 경제적 이익을 위해 약자들을 착취한다. 어떤 사람들은 자신들의 성욕을 채우기 위해 힘없는 어린아이나 장애인을 성폭행하기도 한다. 단지 자신들의 종교나 정치에 배치된다는 이유로 무고한 사람을 무자비하게 참수하기도 한다.

분명 인간 내면에, 인간 사회에 죄가 침투해 있다. 그것이 우리를 잡고 있다. 남의 이야기인가? 정도의 차이지만 우리도 우리 안에 있는 죄의 힘을 느낄 때가 많지 않은가?

우리도 사단의 유혹에 빠져 하나님께 등을 돌리며 살아갈 때가 많다. 내가 최고라고 생각하는 교만에 자주 빠진다. 그래서 다른 사람을 드러나게, 혹은 은근하게 짓누를 때가 많다. 내 욕심과 탐욕을 위해 남을 희생시킬 때가 종종 있다. 즐거움과 쾌락을 얻기 위해 우리의 양심, 신앙을 버릴 때가 있다. 우리도 죄의 종으로 살아갈 때가 많다.

속량, 자유를 위한 대가 지불

자신도 모르는 사이에 많은 사람들이 반복되는 죄에 질질 끌려가며 살고 있다. 처음에는 즐겁고 짜릿했던 죄가, 점점 우리의 목을 죄어 온다. 죄의 종이 된 것이다. 그 결과 죄의 노예로 죽어 간다.

누가 우리를 구원할 수 있을까? 이 문제를 늘 진지하게 고민하던 한 사람이 우연한 사건을 통해 귀한 깨달음을 얻었다. 그는 영국의 유명한 설교자 찰스 스펄전(Charles Spurgeon)이다. [14]

스펄전이 런던의 길을 걷다가 우연히 한 소년을 보았다. 소년은 낡은 새장을 들고 있었다. 그 속에는 상처 입은 작은 새 한 마리가 들어 있었다. 스펄전은 소년에게 물었다.
"새를 어떻게 하려고 그러니?"
소년은 씩 웃으며 대답했다.
"잠시 가지고 놀다가요, 재미없어지면 죽일 거예요."
동정심을 느낀 스펄전은 아이에게 물었다.
"얼마를 주면 그 새를 나에게 팔래?"
소년은 스펄전에게 말했다.
"이 새 원하지 않으실 것 같은데요… 이거 고작 피 흘리고 있는 조그만 새잖아요."
그 아이는 낄낄 웃으며 말했다. 그러다 소년은 스펄전의 진지한 표정을 보고 얼른 말을 바꾸었다.

"이 새 가지시려면… 2파운드 내세요."

당시 2파운드는 지금 우리 돈으로 10만 원이 넘는 돈이었다. 스펄전은 고작 몇 천 원이면 살 만한 새를 10만 원이 넘는 돈으로 샀다. 그리고 그 새를 새장에서 꺼내 날려 주었다.

다음날 주일 아침, 빈 새장 하나가 스펄전의 설교 강단에 놓여 있었다. 스펄전은 설교를 시작했다.

"이 새장에 대해서 잠시 말하려 합니다."

그는 어제 만났던 아이의 이야기와 어떻게 자신이 비싼 값을 지불하고 새를 샀는지 설명했다. 스펄전은 말했다.

"제가 이 이야기를 한 것은, 예수님께서 우리에게 행하신 일이 바로 이와 같다는 것을 보여 주기 위해서입니다. 죄라 불리는 악한 것이 우리를 새장의 새처럼 꼼짝 못하도록 잡아 가두었습니다. 그때 예수님이 사단에게 오셔서 물으셨습니다. '새장에 갇힌 이 사람들에게 무엇을 하려고 하느냐?' '이 사람들이요?' 사단은 웃으며 말했습니다. '나는 이들에게 서로 미워하는 법을 가르치려 합니다. 그리고 싫증이 날 때까지 그들을 가지고 놀려고요. 그러다… 죽일 겁니다.' 예수님께서 물으셨습니다. '그 사람들을 사려고 하면 내가 얼마의 돈을 지불해야 하느냐?' 사단이 씩 웃으면서 말했습니다. '이 사람들 원하지 않으실 텐데요, 예수님. 그들이 당신을 미워할 것입니다. 침을 뱉을 것입니다. 심지어 당신을 십자가에 못 박을 것입니다. 그래도 그들을 사기 원한다면 당신의 피, 즉 당신의 목숨을 내놓으시죠.'"

스펄전은 이야기를 마무리했다.

"바로 이것이 예수님이 우리를 위해 십자가에서 하신 일입니다. 예수님은 믿는 자들을 위해 완전하고 측량할 수 없는 값을 지불하셨습니다. 바로 이것이 우리가 피할 수 없었던 죄의 판결에서 자유로울 수 있었던 이유입니다."

이 예화가 강조하고 있는 것이 무엇인가? 단순히 예수님께서 우리를 죄에서 자유롭게 하셨다는 결과만을 말해 주는 것이 아니다. 그 결과가 어떤 과정을 통해 이루어졌는지를 생생하게 전해 주고 있다. 기억해야 한다. 우리가 죄 사함을 얻은 것은 결코 그냥 이루어진 것이 아니다. 우리를 자유롭게 하기 위해 그리스도께서 피를 흘리는 대가를 치르셨다.

우리는 그리스도 안에서 그의 은혜의 풍성함을 따라 **그의 피로 말미암아** 속량 곧 죄 사함을 받았느니라(엡 1:7).

너희가 알거니와 너희 조상이 물려 준 헛된 행실에서 대속함을 받은 것은 은이나 금 같이 없어질 것으로 된 것이 아니요 오직 흠 없고 점 없는 어린 양 같은 **그리스도의 보배로운 피로**된 것이니라(벧전 1:18 19).

우리가 아직 죄인 되었을 때에 그리스도께서 **우리를 위하여 죽으심으**

로 하나님께서 우리에 대한 자기의 사랑을 확증하셨느니라 (롬 5:8).

다시 우리가 갇혔던 죄의 새장으로 돌아가겠는가? 다시 죄의 노예가 되어 질질 끌려다니는 삶으로 돌아가겠는가? 아니다. 이미 우리는 용서받았다. 자유케 되었다. 그분이 피를 흘리셨기 때문이다.

셋째 복, 성령의 도장과 보증

다른 사람의 신앙이 우리의 모습을 보게 하는 거울의 역할을 할 때가 있다. 절망 속에 있으나 절망하지 않는 사람을 본다. 찬양할 수 없는 처지인데 오히려 찬양하는 사람을 본다. 이런 사람들을 보면 은혜도 받고 도전도 받는다. 그러나 한편 그렇지 못한 자신을 보면서 종종 주눅이 든다. 그리고 스스로에게 실망한다. 실망에 빠진 우리를 사단은 집요하게 공격한다. 사단이 우리의 죄를 들추어내며 과연 우리가 구원받은 자인지 의심하게 만든다.

이런 상황에서 어떻게 우리가 구원받았다고 확신할 수 있을까? 과거에 구원받았을지라도 그것이 어떻게 취소되지 않고 마지막 날까지 간다고 확신할 수 있을까? 우리 구원의 근거는 과연 무엇일까? 부모의 신앙, 교회에서의 직분, 나의 행위 등을 떠올릴 수 있다. 그러나 바울에 따르면 이런 것들이 구원의 확증이 될 수 없다. 그에 따르면 구원에 대한 확증과 확신은 성령을 통해 주어진다. 성령의 확실한 보증, 이것이 우리가 받은 셋째 복이다. 그는 기쁨에 차서 외친다.

그 안에서 너희도 진리의 말씀 곧 너희의 구원의 복음을 듣고 그 안에서 또한 믿어 약속의 **성령으로 인치심을 받았으니**(엡 1:13).

진리의 말씀, 즉 복음을 듣고 믿음을 갖는다. 그 후에 어떤 일이 일어나는가? 방금 살펴본 말씀에 따르면 성령으로 인치심을 받는다. '인치다'는 헬라어 동사로 **스프라기조**인데 이것은 인을 찍는 행위를 말한다. 인은 쉽게 말하면 도장이다. 돌이나 쇠로 만든 도장을 가지고 여러 가지 모양이 새겨지도록 찍는 것이다.

로마 사회에서 인은 진품임을 증명하고 소유권을 나타내기 위해 사용했다. 왕이나 행정가들이 찍는 도장은 편지, 계약서, 법령 등의 문서가 진짜임을 나타내기 위한 것이었다. 개인이 찍는 도장은 소유를 나타내기 위해서도 사용되었다. 가축, 심지어는 노예들까지도 누구의 소유인지 밝히기 위해 도장을 찍었다.

바울은 이런 로마의 배경을 가지고 성령의 사역에 대해 말하고 있다. 그에 따르면 하나님께서 우리가 자신의 소유임을 확실하게 하기 위해 인을 찍으신다. 앞에서 살펴본 말씀을 보면 성령으로 인을 찍으신다.

그렇다면 어디에 찍으실까? 로마의 인은 중요한 서류, 짐승, 노예 등의 겉면, 즉 눈에 보이는 곳에 찍었다. 그러나 하나님은 우리 내면, 즉 마음(heart)에 인을 찍으신다. '이 사람은 진짜 구원받은 성도다', '이 사람은 내 소유, 기업이다'라고 우리 내면, 마음에 도장을 찍으신다.

그렇다면 이것이 구체적으로 무엇을 말하는가? 하나님께서 우리에게 성령을 주신 것을 말한다. 그 성령님이 우리 안에 임재해 계시는 것이다. 이것을 신학적으로 성령의 '내주'라고 말한다.

그가 또한 우리에게 인치시고 보증으로 우리 마음에 성령을 주셨느니라(고후 1:22).

우리 내면에 성령님이 임재해 계신다. 그분이 계셔야 우리가 죄 용서를 받았고 하나님의 자녀가 되었다는 것을 확신할 수 있다. 내가 의지적으로 인간적 감정으로 확신하는 게 아니다. 내 안에 계신 성령께서 증언할 때 깨달을 수 있다.

성령이 친히 우리의 영과 더불어 우리가 하나님의 자녀인 것을 증언하시나니(롬 8:16).

내 안에 계신 성령님의 증거하시는 음성이 들려온다. '너는 내 아들이야, 내 딸이야.' 이렇게 성령님이 우리 안에 계시고 끊임없이 말씀해 주시기 때문에 우리가 하나님의 자녀가 되었음을 확신할 수 있다. 우리 안에 성령님이 계신다. 늘 말씀해 주신다. 어찌 기쁘지 아니할까.

구원의 보증

바울에 따르면 하나님은 성령님을 통해 우리를 인치실 뿐 아니라, 성령님을 우리의 보증이 되게 하신다.

> 이는 우리 기업의 **보증이 되사** 그 얻으신 것을 속량하시고 그의 영광을 찬송하게 하려 하심이라(엡 1:14).

위의 말씀에 따르면 우리는 그리스도를 통해 하나님의 기업, 즉 소유가 되었다. 하나님의 기업은 실패하는 일이 없다. 하나님 자신이 당신의 기업인 우리를 끝까지 이끌어 나갈 것이기 때문이다. 그것을 어떻게 알 수 있는가? 하나님께서 성령을 통해 직접 보증해 주신 것을 통해 확신할 수 있다.

'보증'이라는 헬라어 단어 **아르라본**은 '보증금'이라는 의미다. 어떤 사람이 상품을 소유하기 위해 미리 지불하는 대금의 일부를 말한다. 그래서 첫 납입금, 계약금, 담보 등으로 번역이 가능하다. 현대 문화처럼 로마의 상거래에서도 보증금을 내면, 해당 품목을 자기 것으로 확보해 둘 수 있었다. **아르라본**은 그리스 로마 문화에서 널리 쓰이던 상업 용어였다. 바울은 지금 이 단어를 가지고 성령의 사역에 대해 설명하고 있다.

그에 따르면 성령께서 우리가 하나님의 소유라는 것에 대한 보증이 되어 주신다. '내가 이 사람 안에 있다. 내가 이 사람을 이끌어 간다'고

증언하시며 확실한 보증이 되어 주신다. 성령께서 보증이 되셨으니, 이제 우리는 하나님의 소유가 된 것이다.

이렇게 성령님은 우리 내면, 우리의 영혼에 들어와 상주하신다. 구원의 보증이 되신다. 끊임없이 일하시며 우리의 구원 사역을 이루어 가신다. 우리가 믿음의 길을 가면 기뻐하며 더욱 도우신다. 죄를 지을 때는 탄식하며 돌이키게 하신다. 그래서 우리를 구원의 마지막 날까지 인도하신다.

> 하나님의 성령을 근심하게 하지 말라 그 안에서 너희가 구원의 날까지 인치심을 받았느니라(엡 4:30).

이미 우리 안에 계신 성령 하나님의 내주와 역사를 잘 모르면 신앙생활을 해도 퍽퍽하다. 은혜가 내면으로 스며들지 않는다. 인간적인 생각과 한계를 넘는 경험을 하기 어렵다.

구원의 인치심 되고 보증 되신 성령님과 동행해야 한다. 그분이 우리 안에 계심을 깊이 느껴야 한다. 그분이 말씀하시는 것을 들을 수 있어야 한다. 그분이 주시는 확신을 붙들어야 한다. 거친 인생에서 어느 한 곳에 기댈 수조차 없는 순간에도 성령님은 우리와 함께 계신다. 그런 그분이 있어 우리는 행복하다. 찬양을 멈출 수 없다.

성령의 흐름에 맡기라

미국 유학 중에 순간순간 너무 어려운 때가 많았다. 학비는 떨어지고, 머리의 한계도 느껴지곤 했다. 눈을 크게 뜨고 몇 번씩 정신을 가다듬어도 앞이 보이지 않을 때가 많았다. 교회 사역까지 난항을 겪을 때도 있었다. 그렇게 한참 힘든 시간을 보내는데 한국에 계신 어머니께 전화를 받았다. 울면서 큰 병에 걸렸다고 말씀하셨다. 막막함이 밀려왔다. 인간적으로 기댈 곳이 없었다.

누구나 인생에서 이런 위기를 만날 때가 있다. 삶의 막다른 골목에 서 있는 듯한 순간이다. 신앙까지 흔들린다. 이럴 때 어떻게 해야 하는가? 우리가 잘 아는 것처럼 기도해야 한다. 엎드려야 한다.

나는 엎드려 기도했다. 한참 울부짖는데 성령님이 내 마음을 움직이셨다. 내 안에 계신 성령님께서 한 이미지를 떠오르게 하셨다. 강물에 흘러가는 뗏목이었다. 거친 물결 위에 흘러가는 뗏목에 내가 서 있었다. 나는 빠른 물결 때문에 정신을 차릴 수가 없었다. 긴 막대로 이리저리 방향을 잡아보려 했지만 소용없는 일이었다. 기도하며 떠오른 이미지에 나는 당황했다. 마음이 먹먹해져 눈물을 흘리며 기도하는데 마음속에서 성령의 세밀한 음성이 들렸다.

"어려운 삶 가운데 있구나. 네가 조정하려는 것을 멈추어라. 그리고 나를 믿고 성령의 자연스러운 흐름에 따라 너의 삶을 맡겨라."

험난하고 빠른 물결 속에서 그분만 믿고 나갈 수 있을까? 내 노력을 내려놓고 그분이 인도하시는 대로 갈 수 있을까? 나는 두려웠다. 그때 마음속에 다시 그분의 음성이 들렸다.

"은혜의 삶은 네가 살아가는 것이 아니고, 나에게 이끌려 가는 것이다."

깨달음이 드는 순간 마음속에서 막대를 놓아 버렸다. 그리고 '아멘' 하고 말한 후 찬양을 시작했다. 뗏목이 빠른 물결 때문에 이리저리 부딪히며 흘러갔다. 그리고 얼마 후 빠른 물결은 깊은 물줄기가 되고, 그 물줄기를 따라 뗏목이 큰 호수를 지났다. 뗏목이 도착한 것은 평화롭고 아름다운 땅이었다. 고통으로 시작된 기도는 눈물의 찬양과 감사의 기도로 맺어졌다.

얼마간의 시간이 지났다. 재정은 채워지고, 공부의 방향도 잡혔다. 흩어졌던 사역의 중심이 잡히고 열매가 나오기 시작했다. 어머니는 기도 중에 치료를 경험하셨다. 감사할 뿐이었다. 어려움이 사라졌기 때문만이 아니다. 성령을 따라 사는 삶을 분명하게 배웠기 때문이다. 깊은 깨달음을 얻었기 때문이다. 나는 그때 배운 영적 교훈을 아직도 또렷하게 기억하고 있다.

"은혜의 삶은 내가 살아가는 것이 아니다. 그분께 이끌려 가는 것이다."

그냥 무덤덤한 모습으로 신앙생활해선 안 된다. 그러기에는 우리는 너무 많은 축복을 받았다. 축복은 누려야 한다. 누리며 감사해야 한다. 감사하며 찬양해야 한다.

총 12절의 바울의 찬양(엡 1:3-14)을 보며 깨닫는다. 우리는 하나님께 과분한 복을 받았다. 우리를 살리시려고, 영생을 주시려고, 삼위 하나님께서 친히 일하셨다. 아버지께서 우리를 당신의 자녀 삼아 주셨다. 그것을 위해 예수님께서 피 흘려 주셨다. 구원을 이루시기 위해 성령께서 우리 안에 계시며 오늘도 인도하신다. 이런 하나님이 계시기에 우리에게 절망은 없다. 감사와 찬송만 있을 뿐이다. 그래서 사도 바울은 환희에 차 반복적으로 외친다(엡 1:6, 12, 14).

"찬양하라! 찬양하라! 찬양하라!"

Part 2

냉소적인 마음을 깨는 인생의 신비에 대해

우리는 그가 만드신 바라

그리스도 예수 안에서 선한 일을 위하여 지으심을 받은 자니

이 일은 하나님이 전에 예비하사

우리로 그 가운데서 행하게 하려 하심이니라 (엡 2:10).

질문 4

비밀을 아는 사람이
과연 무기력할 수 있을까?

피해야 할 매너리즘

　매너리즘, 어떤 것을 오랫동안, 지속적으로 반복할 때 빠지기 쉬운 현상이다. 교회에 오래 다니다 보면 영적 매너리즘에 빠질 수 있다. 그 대표적 이유가 생각 없이 교회만 오가는 것이다. 이렇게 되면 영적으로 메마르면서 생명력을 잃게 된다.

　바울의 삶을 보면 영적 매너리즘이 없다. 예수님을 만나고 시간이 지날수록 오히려 하나님이 베풀어 주신 은혜의 신비에 빠져들었다. 바울은 가택 연금된 상태에 있다. 인생의 어두운 시간이다. 그런데 그 와중에도 하나님의 신비를 깨달았다. 그래서 찬양을 멈추지 않았다. 우리는 신비에 매료되어 하나님께 올려드리는 바울의 찬양을 통해 빛나는 진리를 듣는다.

궁금하다. 어떻게 영적 매너리즘에 빠지지 않을 수 있을까? 어떻게 하면 하나님의 놀라운 신비를 깨달을 수 있을까? 바울은 대답한다.

이는 그가 모든 **지혜와 총명**을 우리에게 넘치게 하사(엡 1:8).

하나님께서 그리스도의 피를 통해 우리를 구원해 주셨다. 그뿐 아니라 우리에게 지혜(wisdom)와 총명(insight)도 주신다. 그냥 주시는 것이 아니라 넘치게, 풍성하게 주신다. 그분께서 우리에게 지혜와 총명을 주시는 이유가 있다.

그 뜻의 비밀을 우리에게 알리신 것이요(엡 1:9).

위 말씀에 따르면 하나님께서 지혜와 총명을 주신 이유는 그 뜻의 비밀을 우리에게 알려 주시기 위해서다. 그 뜻의 비밀을 문자적으로 정확히 번역하면, '그의 뜻의 비밀'이다. 우리말 성경의 '그'가 사물을 지칭하는 것처럼 보인다. 그렇지만 원문을 보면 '그의'라는 3인칭 소유격이 쓰였음을 알 수 있다. 그래서 거의 모든 영어 번역본들이 이 구절을 '그의 뜻의 비밀'(the mystery of his will)로 번역했다. 정리해 보면, 하나님께서 우리에게 지혜와 총명을 주신 이유는 당신의 뜻을 우리에게 알려 주시기 위함이다. 좀 쉬운 번역으로 살펴보자.

"하나님은 우리에게 모든 지혜와 총명을 넘치게 하셔서…… 하나님의 뜻의 비밀을 우리에게 알리셨습니다."[15]

이제부터 살펴보겠지만 하나님의 뜻의 비밀을 깨달을 때 우리 신앙생활에 매너리즘이란 있을 수 없다. 끊임없이 영적 생명력이 솟아난다. 기쁨이 계속된다. 찬양을 멈출 수 없게 된다. 하나님의 비밀, 하나님의 신비가 무엇이기에 이렇게 되는지 궁금해진다.

신비, 그분의 계획과 인도가 있다!

우리가 살펴보고 있는 '비밀'에 해당하는 헬라어는 **뮈스테리온**이다. **뮈스테리온**은 영어 mystery의 기원이다. **뮈스테리온**을 보통 우리말로 '비밀' 혹은 '신비'로 번역한다. 나는 개인적으로 신비라는 말을 더 좋아한다. 우리가 경계하는 '신비주의'라는 말 때문에 약간 조심스럽기는 하지만, 신비라는 말이 바울이 전하고자 했던 원래 의미를 더 잘 나타내는 것 같다.

바울이 말해 주는 하나님 뜻의 **뮈스테리온**, 즉 하나님 뜻의 신비는 크게 세 가지다. 첫째, 때가 찬 경륜. 둘째, 그리스도 안에서의 통일됨. 셋째, 하나님의 기업이 됨.

우리가 늘 들어 왔던 것들이지만 이것이 무엇인지 쉽게 다가오지 않는다. 그러니 하나씩 세밀하게 살펴서 바울이 말하고 있는 하나님의 놀라운 신비를 느껴 보자.

바울은 우리가 하나님의 지혜와 총명으로 깨닫게 되는 첫 번째 신비가 바로 그분의 '때가 찬 경륜'이라고 말한다.

그 뜻의 비밀을 우리에게 알리신 것이요 그의 기뻐하심을 따라 그리스도 안에서 **때가 찬 경륜**을 위하여 예정하신 것이니(엡 1:9).

신앙이 깊어지는 어떤 순간에 우리는 하나님의 때가 찬 경륜을 깨닫게 된다. 그 때 우리는 그분의 놀라운 신비에 감탄하며 말할 것이다.

"아, 내가 받은 구원이 우연이 아니었구나! 하나님께서 그리스도를 통해 때가 찬 경륜으로 이루어 주신 것이구나!"

이런 깨달음과 감탄이 있을 때 우리의 신앙은 한 단계 성숙된다. 그런데 '경륜'이라는 말이 좀 어렵게 들린다. 경륜은 헬라어 **오이코노미아**를 번역한 것이다. **오이코노미아**는 집이나 어떤 단체를 관리, 경영, 계획하는 일 등을 말한다. 경제를 나타내는 영어 economy가 여기서 왔다. 경륜, **오이코노미아**의 원어적 감각을 살리기 위해 영어 번역본 NAS는 이 단어를 '경영'(administration)으로 번역했다. 한편 ESV는 **오이코노미아**를 '계획'(plan)으로 번역했다.

경륜, **오이코노미아**라는 단어를 통해 우리가 깨닫게 되는 하나님의 신비는 무엇인가? 우리 각자의 구원이 우연히 된 것이 아니라는 것이다. 하나님은 우리를 죄에서 구원하시고 당신의 가족으로 삼기 원하셨다. 그래서 창세 전부터 그것을 계획하시고, 당신께서 직접 경영하셨으며, 마침내 때가 되어 그리스도의 피를 지불하시고 구원을 이루셨다. 영혼 구원은 결코 하나님의 즉흥적이고 일순간적인 행동의 결과로 이루어진 것이 아니다. 하나님의 계획과 이끌어 가시는 그분의 경영으로 나타난 결과다.

감격의 날은 반드시 온다

나의 어머니 성함은 왕암자다. 성은 '왕', 이름은 '암자'다. 암자라는 이름에서 범상치 않은 기운이 느껴질 것이다. 암자는 '절'이라는 뜻이다. 외할아버지가 지주셨는데, 자신이 사셨던 지역에 절을 세우셨다. 그것을 기념해서 딸의 이름을 암자로 지으신 것이다. 이런 열심이 특심인 불교 집안에서 태어나셨으니 어머니는 당연히 '모태불자'셨다. 어머니는 태어나면서부터 불교신자셨을 뿐 아니라, 열심히 불도에 참여하셔서 젊은 나이에 보살이 되셨다. 교회로 말하면 권사 직분을 받으신 것이다. 어머니는 새벽 4시나 5시에 일어나 매일 가정불공을 드리셨다. 어렸을 때 잠결에 들었던 불공의 몇 구절이 아직도 기억난다.

나는 이렸을 때부터 어머니를 따라 절에 다녔다. 그러다 중 3때 하나님을 만나고 내 삶이 극적으로 바뀌었다. 예수님을 구주로 영접하고,

구원을 얻은 것이다. 기독교인이 된 후 내가 가장 먼저 기도한 것이 어머니의 구원이었다. 매일 기도했다. 그렇게 10년을 넘게 기도했지만 아무 일도 일어나지 않았다. 내가 어머니께 교회를 가자고 하면 어머니는 부드럽지만 분명하게 거절하셨다.

"네가 교회에 가는 것은 막지 않는다. 그러나 나를 교회에 데리고 갈 생각은 마라. 내가 그동안 몸담아 왔던 불교를 어떻게 지금 와서 떠날 수 있겠니."

어머니의 마음을 돌이키는 것은 불가능한 일처럼 느껴졌다. 몇 년 후 집안에 경제적 어려움이 닥쳤다. 온 가족이 모여 대책을 세워 보려 했지만 길이 보이지 않아 막막한 상황이었다. '해결책을 찾는 게 쉽지 않다, 오히려 상황이 점점 더 어려워질 것 같다'라는 부정적인 이야기만 오갔다. 그때 막내인 내가 당돌하게 대화에 끼어들며 말했다.

"왜 다들 그렇게 실망하세요. 제가 보기에는 우리 가정에 아직 희망이 있어요. 기도하면 길이 열려요. 하나님이 도와주실 거예요."

당시 여섯 식구 중 나 혼자만 기독교인이었다. 분위기가 어정쩡해졌다. 싸한 분위기까지 느껴졌다. 식구들은 막내가 뭘 모른다는 표정으로 날 쳐다보았다. 그러나 그때 무슨 용기가 있었는지 나는 정말 자신이 있었다. 하나님께서 분명 채워 주시고 해결해 주실 것이라 확신했다. 신앙으로 믿음의 선포를 했으니 남은 것은 이제 실천으로 보여 주는 것밖에 없었다.

그 후 신기한 일이 벌어지기 시작했다. 당시 나는 대학생이었는데 갑자기 일할 기회가 많아지기 시작한 것이다. 과외, 번역, 과일 장사까지 마다하지 않고 열심히 일해 돈을 벌었다. 땀 흘려 번 돈은 최소한의 용돈을 빼고 모두 어머니께 드렸다. 덕분에 급한 대로 경제적 위기를 일단 넘길 수 있었다. 이런 내 모습을 가장 가까이에서 보신 분이 어머니셨다. 어느 날 나는 시력이 떨어져 힘들어 하시는 어머니께 좋은 안경을 하나 해 드렸다. 그리고 어머니가 좋아하시는 고기도 사 드렸다. 식사를 한참 하시다가 어머니가 조용히 말을 꺼내셨다.

"아들아, 너를 보니 하나님이 살아 계신 것 같구나. 이제부터 너와 함께 교회에 가마."

나는 놀란 눈으로 어머니를 바라보았다. 믿기지 않는 순간이 온 것이다. 10년 넘게 기도하던 것을 하나님께서 이루어 주시는 순간이었다. 어머니는 그날 이후로 교회에 출석하셨다. 그리고 새벽불공을 새벽기도로 바꾸셨다. 보살이셨던 어머니는 지금 열심히 기도하는 권사님이 되셨다.

하나님의 신비는 놀랍다. 우리가 그것을 믿으며 최선을 다할 때 하나님은 때가 찬 경륜으로 당신의 뜻을 이루어 가신다. 우리의 구원이 그 냥 이루어진 것이 아님을 감사하자. 태초 전의 계획과 이끄시는 은혜와 그리스도의 피, 그 놀라운 하나님의 경륜이 있기에 우리가 구원받을 수 있었다.

하나님의 경륜이라는 신비를 깨닫는 자는 감격한다. 감사를 쏟아 낸다. 찬양을 멈추지 않는다. 그리고 그분의 경륜을 신뢰하며 영혼을 구원한다. 전도가 안 된다고 절망하지 마라. 하나님의 경륜을 믿으며 다시 도전하라. 최선을 다하고 겸손히 기다릴 때 그분의 때에 우리 부모, 배우자, 자녀, 이웃에게 하나님의 구원이 임하게 될 것이다.

신비, 나뉘었던 것이 하나가 된다!

바울이 말한 첫 번째 하나님의 신비는 그분의 때가 찬 경륜이었다. 바울은 이어서 두 번째 신비를 이야기한다. 그것은 그리스도 안에서 모든 것이 통일되는, 하나 됨의 신비다.

> 하늘에 있는 것이나 땅에 있는 것이 다 그리스도 안에서 통일되게 하려 하심이라 (엡 1:10).

바울은 그리스도 안에서 모든 것이 통일되고, 하나가 된다는 것을 깨달았다. 그리스도 안에서 모든 것이 질서가 잡힌다. 그분 안에서 분열

되었던 모든 것이 화목하게 된다. 마치 거대한 용광로에서 모든 것이 녹아내리듯, 바울은 그리스도의 거대한 사랑 안에서 모든 것이 하나가 되는 신비를 깨달았다.

여기서 '하늘에 있는 것이나 땅에 있는 것이 다 통일된다'는 바울의 표현을 주목해야 한다. 대표적 에베소서 주석가 중 한 명으로 꼽히는 존 스토트(John Stott)에 따르면, '하늘과 땅에 있는 것'은 이미 죽은 그리스도인, 현재 이 땅에 존재하는 그리스도인, 지상과 하늘의 교회, 타락 후 완전한 회복을 기다리는 우주까지 포함한다.[16]

이 모든 것들이 그리스도 안에서 완전한 통일을 이루는 것이다. 서로를 나누었던 각양의 선, 구분, 차별이 사라지고 온전히 하나가 되는 것이다.

사도 바울은 가택 연금 상태에 있었지만, 그의 시각은 열려 있어 하나님의 신비를 깨달았다. 그리스도 안에서 만물이 통일되고 하나가 되는 것을 본 것이다. 우리의 시각은 어떤지 생각해 보아야 한다. 믿음의 시각이 열려 그리스도 안에서 모든 것이 하나가 됨을 보고 있는지 자신을 살펴야 한다. 우리가 그리스도 안에서 하나 됨의 신비를 깨달을 때 우리 가족과 동료와 성도를 넉넉히 품을 수 있다.

반대로 이런 하나님의 신비를 깨닫지 못할 때 나뉨과 분열이 온다. 학교, 직장, 교회 등에서 사람들을 나이와 지역과 성별 등으로 구분하기 시작하면 한도 끝도 없이 나뉜다. 결국 분열이 온다. 우리에게 필요한 것은 구분이 아니다. 그리스도 안에서 통일되게 하시는 신비를 경험하는 것이다.

　우리는 너무 쉽게 사람을 나누고 편을 짓는다. 어렸을 때부터 그런 분위기 속에서 자란다. 아주 어렸을 때 우리를 당혹케 하는 질문이 있었다.

"엄마가 좋아, 아빠가 좋아?"

　어렸을 때 이런 질문을 받으면 주저할 수밖에 없었다. 이런 질문을 받은 아이들은 말을 못하거나, '다 좋아요'라고 대답한다. 그 모습을 보며 그래도 누가 더 좋으냐고 계속 묻는 짓궂은 사람도 있다. 그런 상황을 보면 내가 애 대신 '다 좋다. 우리는 가족이기 때문이다. 엄마 아빠 중 누가 좋은지는 잘 모르지만, 확실한 건 그런 질문을 하는 당신이 싫다!'라고 대답해 주고 싶다.

　재미 삼아 어린 아이들에게 던지는 이 질문을 형태만 조금 바꿔서 다른 사람들에게 던지는 철없는 어른들이 얼마나 많은지 모른다.

"말해 봐. 저 친구가 좋아, 이 친구가 좋아?"
"솔직히 이야기해 봐. 김 부장님 편이야, 이 부장님 편이야?"

　양자택일과 편가름의 문제가 학교와 사회에만 나타나는 문제인가. 교회에서도 비슷한 질문이 여전히 오간다.

"말해 봐. 저 집사님이 좋아, 이 집사님이 좋아?"
"솔직히 이야기해 봐. 김 목사님 편이야, 이 목사님 편이야?"

구분과 나눔이 보편화된 사회에서 우리는 하나님의 신비를 깨달아야 한다. 그리스도 안에서 모든 것이 통일되게 하시는 신비를 경험해야 한다. 바울은 분명하게 말한다. 그리스도 안에서, 그분의 피 안에서, 그분의 은혜 안에서 모든 것이 다 통일된다. 하나가 된다. 우리가 반드시 알고 경험해야 할 놀라운 신비다.

그리스도 안에서 모든 것이 통일된다는 넓은 시각과 열린 마음을 갖자. 그래서 흩어졌던 사람들이 그리스도의 은혜로 하나가 되는 축복이 우리를 통해 이루어지는 것을 경험하자.

신비, 우리는 하나님의 소유가 되었다!

바울은 하나님의 경륜과 그리스도 안에서의 하나 됨에 대해 말한 후 이제 마지막 세 번째 신비에 대해 이야기한다.

모든 일을 그의 뜻의 결정대로 일하시는 이의 계획을 따라 우리가 예정을 입어 그 안에서 **기업이 되었으니** (엡 1:11).

말씀에 따르면 세 번째 신비는 우리가 하나님의 기업이 되는 것이다.

여기서 '기업이 되었다'는 것이 무엇을 의미하는지 정확하게 아는 것이 중요하다. '기업이 되었다'에 해당하는 헬라어 단어는 **에클레로테멘**이다. 신약성경에서 이 단어는 이 본문에 단 한 번 나온다. 보통 영어 성경은 이것을 '우리가 상속을 받았다'(we have obtained an inheritance)라고 번역했다. ESV, KJV, NAS 등이 그 예이다. 한편 쉬운 영어 번역으로 대중에게 많이 읽히고 있는 NIV성경은 이 단어를 '우리가 택함을 입었다'(we were chosen)라고 번역했다. 한편 우리말 개역개정은 '우리가 기업이 되었다'라고 번역했다. 일단 분명한 의미 파악을 위해 기업을 '유업' 혹은 '소유'로 기억해 두면 된다. 그런데 이 한 단어를 두고 왜 이렇게 다양한 번역이 나타나는지 잠시 살펴보자.

'기업이 되었다'라는 표현 **에클레로테멘**은 '제비뽑다'라는 단어 **클레로**의 수동태형이다. 그러니까 누군가에 의해 '제비가 뽑혀지는 것'이다. **클레로**는 구약적 배경을 가지고 있는 단어다. 이 단어는 제비를 뽑아 몫을 할당하는(appoint by lot or be appointed by lot) 행위를 나타낸다. 민수기를 보면 이스라엘 지파들은 제비를 뽑아 땅의 분깃, 즉 유업을 나누었다.

> 오직 그 땅을 제비 뽑아 나누어 그들의 조상 지파의 이름을 따라 얻게 할지니라 그 다소를 막론하고 그들의 기업을 제비 뽑아 나눌지니라(민 26:55-56).

흥미로운 것은 이스라엘 백성들뿐 아니라 하나님도 자신의 분깃, 유업을 취하셨다. 천지 만물을 다 만드시고 소유하신 분이, 특별한 마음과 깊은 애정을 가지고 '이것은 내 것이야'라고 분명히 말씀하시는 것이다. 과연 하나님의 분깃, 유업은 무엇일까?

여호와의 분깃은 자기 백성이라 야곱은 그가 택하신 기업이로다(신 32:9).

여호와를 자기 하나님으로 삼은 나라 곧 하나님의 기업으로 선택된 백성은 복이 있도다(시 33:12).

위의 말씀에 따르면 하나님은 천하 만민 앞에서 이스라엘 백성이 자신의 분깃, 유업임을 분명하게 밝히셨다. 두 말씀을 풀어 보면 다음과 같은 선언임을 알 수 있다.

"이스라엘 백성은 내 백성이고, 나는 그들의 하나님이다."

이런 구약의 배경을 가지고 에베소서 1장 11절을 다시 보면 뜻이 명확해 진다. 기업이 된다는 것은 하나님의 소유가 된다는 것이고, 그러기에 하나님이 친히 관리하시는 대상이 되었다는 것을 나타낸다.

인생의 산을 오를 수 있는 이유

우리가 하나님의 기업이 되었다. 잊지 말아야 할 것은 이것이 내 힘으로 된 것이 아니라는 점이다. '기업이 되었다'는 말이 헬라어 원문에서 수동태로 쓰였다는 것을 주목하라. 내가 스스로 기업이 된 것이 아니다. 누군가에 의해, 어떤 힘에 이끌려 그의 기업이 된 것이다.

우리는 종종 내 신앙, 내 삶을 내가 스스로 이끌어가는 줄 안다. 그러니 좀 성공하면 교만해져 하나님 없이도 살 것처럼 행동한다. 실패하면 하나님이 안 계신 것처럼 쉽게 좌절한다. 잘못된 생각에서 나온 잘못된 행동이다. 우리는 하나님이 계획하시고 만드신 그분의 기업이다. 최선을 다해 열심히 살아가야 하지만, 결정적인 것은 하나님께서 직접 이끌어 주셔야 한다. 이걸 깨달아야 바른 자신감을 가질 수 있다. 바울처럼 감옥에서도 찬양할 수 있다.

어렸을 때부터 나의 인생은 늘 낮은 곳에 있었다. 가난한 가정, 평범한 머리, 약한 몸, 무엇 하나 내 삶에 플러스가 되는 것이 없었다. 나는 수유리에서 멀리 우뚝 솟은 북한산을 보며 자랐다. 초등학교 때부터 나는 그 산에 꼭 올라 보고 싶었다. 그러나 어린 나로서는 불가능한 일이었다. 나는 하나님께서 주신 꿈을 이루기 위해 노력하다가 종종 내 모습이 산을 바라보는 아이와 같다고 느낀 적이 있다. 내 인생은 낮은 평지에 있고 약하기만 한데 꿈은 너무 높은 산처럼 보였다. 최선을 다해도 실패할 때가 많았다.

그런데 어느 날 하나님이 나를 찾아와 주셨다. 구원해 주시고 늘 은혜를 베풀어 주셨다. 하나님은 약한 내 손을 잡으시고 내게 높아만 보이는 산으로 인도하셨다. 나는 지금도 그분의 손을 잡고 인생의 산에 오르면서 조금씩 내가 볼 수 없었던 것을 보고 있고, 생각지도 못했던 기쁨을 맛보고 있다.

나는 그분과 함께 오르는 인생의 산 중턱에서 깨닫는다. '인생의 높은 산을 내 힘으로 오르는 것이 아니구나. 하나님이 나를 부르시고, 붙잡아 주시며, 오르게 하시는구나!' 가슴이 뭉클해지면서 시 같은 고백이 흘러나온다.

어느 순간 눈을 떠 보니
하나님이 두신 내 인생의 숲에 있었다.
나는 만족하고 감사하며
그저 하늘을 보며 그 숲을 걸었다.

어느 순간 깨달았다.
숲을 지나 점점 하늘과 가까운 산을 오르고 있다는 것을.
인생은 하늘을 바라보며 숲을 지나 산에 오르는 것이다.
그 산에서 하나님을 만나는 것이다.

질문 5

우리를 가로막는
벽들을 무너트릴 수 있을까?

선을 긋고, 벽을 쌓는 사회

우리 사회 안에 얼마나 많은 분열과 나뉨이 있는지 모른다. 특정 기준을 가지고 너무도 쉽게 사람을 분류한다.

미국에서 공부를 막 마치고 한국에 왔을 때 겪었던 일이다. 오전에 중요한 일정이 있어서 양복을 차려입고 나갔다. 모임을 마친 후 나는 신용카드를 만들려고 한 은행에 들어갔다. 잘 차려입은 나를 보고 한 직원이 고개를 숙이며 반갑게 맞아주었다. 신용카드를 만들러 왔다고 했더니 문서 작성도 직접 도와주었다. 그리고 전산으로 몇 가지를 확인해 보겠으니 잠시만 기다려 달라고 했다. 잠시 후 방금까지 친절했던 분위기는 싹 사라지고, 그 직원은 묘한 표정을 지으며 내게 짧게 말을 던졌다.

"손님, 죄송한데 카드 발급이 어렵겠습니다. 자격이 안 되십니다."

그 직원의 눈은 벌써 내 뒤에 기다리는 다음 손님에게 가 있었다. 아마도 직원은 나의 최근 은행 거래 실적과 신용등급을 확인했던 것 같다. 미국에서 들어온 지 얼마 되지 않았던 때라 당연히 은행 거래 실적이 거의 없었다. 아직 한국에서 자리를 잡지 못했던 상황이라 통장에 돈도 별로 없던 상태였다. 그러니 신용등급도 낮았을 것이다. 나는 카드 발급에 '부적격한 사람'이었다. '부적격한 사람.' 나는 한 번도 스스로를 그렇게 생각해 본 적이 없었는데 사회가 내게 선을 그어 놓은 것이었다.

분열된 세상에 바울이 외치다

하나 된 것을 힘써 지켜라! 바울은 분열된 세상에서 하나 됨을 힘써 지켜야 한다고 강조한다.

평안의 매는 줄로 성령이 하나 되게 하신 것을 힘써 지키라(엡 4:3).

여기서 잠시 물어야 할 중요한 질문이 있다. 3절 말씀에 따르면, 구원받은 우리는 하나 되기에 힘써야 하는 것인가, 아니면 이미 하나 된 것을 힘써 지켜야 하는가? 본문을 자세히 보면 이미 하나 된 것을 지키는 것이다. 우리는 그리스도 안에서 이미 하나가 되었다. 하나님의 한 가족이다. 하나님 나라의 동역자들이다(엡 1:5, 마 5:13-16). 예수님이 하나 되게 해 달라고 기도하신 적이 있지만(요 17:11), 그것은 예수님이 십자가를 지시기 전, 구속사가 이루어지기 전이었다. 예수님의 죽음으로 구원을 받은 후 우리는 바울이 말한 것처럼 한 몸(one body), 한 새 사람(one new man)이 되었다(엡 2:15-16). 이제 우리가 해야 할 일은 이미 하나 되게 하신 것을 힘써 지키는 것이다.

바울은 에베소 교인들에게 하나가 된 것을 힘써 지켜야 한다고 말한 후 계속 '하나' 혹은 '한'이라는 말을 반복해 자신의 메시지를 강조했다.

> 몸이 하나요 성령도 한 분이시니 이와 같이 너희가 부르심의 한 소망 안에서 부르심을 받았느니라 주도 한 분이시요 믿음도 하나요 세례도 하나요 하나님도 한 분이시니 곧 만유의 아버지시라 만유 위에 계시고 만유를 통일하시고 만유 가운데 계시도다(엡 4:4-6).

한 몸, 한 성령, 한 소망, 한 주, 한 믿음, 한 세례, 한 하나님, 바울은 '하나' 또는 '한'이라는 표현을 일곱 번이나 쓰고 있다. 하나 됨을 지켜야 할 이유를 반복을 통해 강조하고 있는 것이다.

하나 됨을 힘써 지키는 것은 시대를 막론하고 우리가 지켜야 할 하나님의 명령이다. 그러나 에베소 교인들이 더욱 하나 됨을 힘써 지켜야 할 이유가 있었다.

하나 됨을 조각내는 구분의 벽

예수님과 바울이 살던 당시 유대는 엄격한 구분이 존재했던 사회였다. 어른과 아이, 남자와 여자, 주인과 노예처럼 일정한 기준으로 사람을 명확하게 구분했다. 일단 구분이 서면 그에 따라 각 그룹의 행동방식과 그들에 대한 사회적 대우가 결정되었다. 구분은 많은 경우 차별로 이어졌다. 사람을 구분하기 위해 가장 근본적으로 사용되었던 기준이 바로 종교였다.

우리는 에베소서 2장 11절에서 사람을 분류하는 종교적 구분을 본다. 유대인들은 자신들이 언약의 백성임을 나타내기 위해 할례를 받았다. 할례자라는 말은 결국 언약 백성이라는 말과 동일하게 쓰였다. 유대인들은 자신들 이외의 사람들을 모두 언약에서 제외된 백성이라고 여기는 배타적 생각을 가지고 있었다. 그래서 자신들 외에 사람들을 이방인, 혹은 무할례자라 부르며 배척했다.

"저기, 저 사람 누구야?"
"글쎄? 이름은 모르겠고 무할례자야."
"상대할 사람이 못되네."

아마도 이런 대화들이 유대인 사회에서 종종 오갔을 것이다. 유대인들에게 이방인들은 상종하지 못할 사람, 천국에 결코 들어갈 수 없는 저주받은 존재들이었다. 유대인들은 날카로운 송곳 같은 그들의 종교적 기준으로 유대와 그 주변 사회를 조각내고 있었다.

유대 사회에서 잠시 우리 공동체로 눈을 돌려 보자. 지금 우리 공동체 안에 하나 됨을 조각내는 구분은 혹시 없는가. 내가 청년사역을 할 때 깨달은 것이 있다. 우리가 주의하지 않으면 공동체 안에 인간적인 구분이 생기고, 금방 분열이 일어날 수 있다는 것이다.

구분하기 시작하면 끝도 없다. 어려서부터 한 교회만 쭉 다닌 '토종파'와 다른 교회에서 온 '이방파'로 나뉜다. 강남, 분당 같은 지역에 사는 '부유파'와 어려운 지역에 사는 '소박파'로 나뉜다. 서울에서 학교를 다니는 '수도파'와 지방에서 다니는 '지방파'로도 나뉜다. 마음만 먹으면 얼마든지 다양한 기준으로 사람들을 구분할 수 있다.

같은 교회에서 신앙생활을 하면서도 이런 구분이 나타날 수 있는데, 신앙을 달리하는 유대인과 이방인들 사이의 구분은 얼마나 분명했겠는가?

슬프게도 이방인들에 대한 차별과 소외가 가장 극명하게 드러난 장소가 성전이었다. 성전은 거룩과 정결의 정도에 따라 철저히 구분이 이루어지는 곳이었다. 성전의 성소를 나오면 제사장들만 들어갈 수 있는 제사장의 뜰이 있었다. 그 다음으로 유대인들이 들어갈 수 있는 이스라엘의 뜰이 있는데, 이 뜰도 남자 뜰과 여자 뜰로 나뉘어 있었다. 그리고 그 뜰을 벗어난 가장 먼 곳에 이방인의 뜰이 있었다. 그곳에서 이방인들은 성전을 멀리서 바라만 볼 뿐 들어갈 수는 없었다. 유대인들은 이방인들이 할례 받지 않은 부정한 사람들이기 때문에 어떤 경우라도 성전에 출입할 수 없다고 생각했다.

유대 역사가 요세푸스에 따르면 유대인과 이방인의 뜰 사이에 1.5미터 길이의 돌로 정교한 벽이 세워져 있었다.[17] 벽이 아주 높아 성전이 안 보이는 것도 아니고, 그렇다고 완전히 보이는 것도 아니었다. 부분적으로 볼 수 있으나, 절대 이방인이 들어갈 수 없는 곳이 성전이었다. 고고학자들이 그 벽에 쓰인 경고문을 발견했는데 다음과 같은 내용이 써 있었다.

"이방인은 이곳에 들어올 수 없다. 들어가다가 죽임을 당해도 본인의 책임이다."[18]

짧은 경고문이지만 성전 안에서 얼마나 큰 분열과 쪼개짐이 있었는지 보여 주는 대목이다.

우리를 가르고 막는 벽들

나도 개인적으로 사람을 가르고 막는 벽을 보고 분노를 느낀 적이 있다. 얼마 전에 지인을 만나기 위해 그가 살고 있는 어느 지역 아파트를 방문했다. 그리 넓지 않은 아파트 단지 안에 두 개의 똑같이 생긴 놀이터가 붙어 있었다. 그런데 이상한 게 보였다. 그 두 개의 놀이터 사이에 아이들이 서로의 놀이터를 넘나들 수 없도록 울타리가 설치되어 있었다. 그냥 두 개를 하나로 합쳐서 넓은 놀이터를 만들었으면 더 좋았을 것 같다는 생각이 들었다. 왜 굳이 똑같은 놀이터 두 개를 만들어 가까이에 두고, 그 가운데 울타리까지 쳤을까?

궁금해서 지인에게 이유를 물었다. 그리고 이유를 듣고 난 후 가슴이 턱 막히고 말았다. 아파트를 지을 때 나라의 규정상 소득이 적은 사람들을 위해 일정량의 임대 아파트를 함께 지었다. 일반 아파트에도 임대 아파트에도 놀이터가 필요한 상황이었다. 그래서 똑같은 놀이터를 두 개 만들었다. 양쪽 아파트의 아이들이 자유롭게 두 곳을 오가며 놀았다. 그런데 일반 아파트 부모들이 그게 싫었던 것이다. 그래서 생각한 방법이 놀이터 사이에 울타리를 설치하는 것이었다. 그 후 부모들뿐만 아니라, 아이들도 서로 어울려 놀지 않게 되었다.

나는 생각했다.

'어린 아이들에게 어른들이 도대체 무슨 짓을 하고 있는 것인가….'

놀이터의 울타리는 차별의 벽으로 아이들의 마음에 상처로 남을 것이 뻔했다. 그래서 화가 나고, 가슴이 아팠다. 한국 사회가 이대로 흘러간다면 사회의 분열 양상은 더 심해질 것이다. 생각해 보라. 우리 주변에 이런 벽들이 많다.

부서지고 세워지는 은혜

바울 시대의 이방인들은 유대인의 거만하고 독선적인 모습을 보면서 마음속에 증오를 품었다. 그들 사이에 분열이 깊이 뿌리내렸다. 화해 불가능한 것이었다. 살펴본 것처럼 이방인의 뜰 앞에 있던 성전의 단단한 벽이 바로 그 상징이었다. 예수님은 이렇게 세워진 분열의 벽을 보시고 어떻게 하셨을까? 헐어 버리셨다.

> 이제는 전에 멀리 있던 너희가 그리스도 예수 안에서 **그리스도의 피로** 가까워졌느니라 그는 우리의 화평이신지라 둘로 하나를 만드사 원수 된 것 곧 중간에 **막힌 담을 자기 육체로 허시고**(엡 2:13-14).

참으로 놀라운 것은 이 증오와 미움의 벽을 예수님은 자신의 육체로 허셨다는 사실이다. '육체로 헐다'라는 표현을 나는 좋아한다. 철벽같이 막힌 담이 온유하고 겸손하신 그분의 육체로 허물어졌다. 그분의 살이 찢기고, 뼈가 꺾이며, 피가 흘렀다. 유대인에게도 이방인에게도 그분은 버림받고 헛된 죽음으로 생을 마감하는 것 같았다. 그러니 그분의 사랑이, 그래서 흘리신 보혈이 둘을 하나로 만드셨다. 막힌 것이 무너지는 기적이 일어났다.

예수님은 성전의 막힌 담을 허무신 후 한 가지를 더 하셨다. 새 성전을 지으신 것이다. 당신께서 친히 모퉁잇돌이 되셔서 허물어진 돌들을 연결해 새 성전을 지으셨다.

너희는 사도들과 선지자들의 터 위에 세우심을 입은 자라 그리스도 예수께서 친히 모퉁잇돌이 되셨느니라 그의 안에서 건물마다 서로 연결하여 **주 안에서 성전이 되어 가고**(엡 2:20-21).

예수님께서 지으신 새 성전은 그분께서 피로 세우신 새 언약 공동체를 말한다. 새 성전, 새 언약 공동체에는 인간이 만든 구분과 차별이 없다. 유대인, 헬라인, 이방인 모두가 그리스도 안에서 하나가 된다. 성령 안에서 하나님이 그 가운데 임재하시며, 모든 사람이 함께 그분을 예배한다.

너희도 성령 안에서 하나님이 거하실 처소가 되기 위하여 그리스도 예수 안에서 함께 지어져 가느니라(엡 2:22).

하나 됨, 지켜야 할 사명

기억해야 한다. 그리스도의 피로 우리를 자녀 삼아 주셨던 하나님이 공동체의 하나 됨을 지키라고 부탁하셨다. 그리스도인은 담을 쌓고 분열을 일으키라고 부름 받은 존재가 결코 아니다. 쌓인 담을 헐고, 하나 됨을 지켜 나가도록 부름 받은 존재들이다.

그리스도 안에서 우리는 한 형제와 자매다. 그분의 피로 가족이 된 것이다. 그렇다면 이 소중한 가족 됨을 반드시 지켜야 한다. 바울은 이 소중한 하나 됨을 겸손, 온유, 인내, 사랑, 평안으로 지켜 나가라고 당부한다(엡 4:2-3). 하나 됨을 지키기 위해 우리 주위 사람들을 좀 더 용서하고 견뎌 주며 끝까지 품는 사랑의 사람이 되어야 하는 것이다.

그런데 우리 중에 반대로 행동하는 사람들이 종종 있다. 다른 사람을 절대 용서하지 않는다. 원한을 풀지 않는다. 그 사람에게 잘못 찍히면 공동체 생활을 접어야 한다. 그래서 공동체가 그 사람 눈치를 보게 된다. 사람들이 떨면서 서로 귓속말을 건넨다.

"조심해, 저 사람한테 잘못 걸리면 끝이야. 공동체를 떠나야 돼."

우습지만 공동체 안에서 실제로 볼 수 있는 안타까운 풍경이다. 하나님이 그의 아들의 피로 세우신 공동체를 우리의 잘못된 행동으로 가르고 분열시켜서는 안 된다. 바로 지금이 공동체의 하나 됨을 위해 울며 기도하고 사랑으로 서로를 품어야 할 때다.

바울도 이것이 쉽지 않다는 것을 잘 알았기에 '힘써'라는 말을 추가해 두었다. 하나 됨을 지키는 것이 그냥 지켜지는 것이 아니다. 힘쓸 때에야 지킬 수 있는 것이다.

하나 됨, 그 비할 수 없는 아름다움

미국 보스턴에 있는 케임브리지연합장로교회 청년부를 담당할 때 하나 됨이 얼마나 아름다운지 깨달을 기회가 있었다. 미국은 다문화 사회다. 그래서 교회 안에도 다양한 청년들이 있었다. 미국에서 자란 청년들, 제3세계에서 자라 미국에 온 청년들, 한국에서 유학 온 청년들이 섞여 있었다. 서로 성장 배경과 생각의 방식이 달라 종종 싸움이 일어났을 법도 한데 이들이 그리스도의 사랑 안에서 녹아지자 청년부 안에서 한 가족처럼 지냈다.

청년부 안에서 성향도 환경도 완전히 다른 두 청년이 친구로 만났다. 지혜(가명)는 한국에서 유학을 왔는데 똑똑하고 부유한 가정에서 성장했다. 지혜는 당시 MIT를 다니고 있었고 경제적으로 아무 걱정도 없었다. 반면 동갑내기 세희(가명)는 정반대의 삶을 살고 있었다. 세희 가정은 LA에 살다가 부모님의 사업이 어려워져 모든 것을 정리하고 보스턴으로 왔다. 가정 형편과 개인 사정 때문에 세희는 학교를 다닐 수 없었다. 세희는 음식점에서 서빙하는 일을 하며 돈을 벌어 집을 도와야 했다. 늦게까지 일할 때는 다리가 퉁퉁 붓기 일쑤였다. 생각해 보라. 세상에 있었다면 두 사람이 어떻게 서로를 이해하고, 친구가 될 수 있겠는가? 그런데 두 사람은 교회 청년 공동체에서 서로를 위로하고 격려하며 지냈다.

한번은 지혜가 MIT를 졸업하기 전에 별안간 의대에 가겠다고 청년부에 기도를 부탁했다. 당시 영주권자나 시민권자가 아니면 의대에 들어가기가 어려웠다. 쉽지 않은 상황이지만 청년부원들은 자신의 일처럼 여기며 지혜를 위해 열심히 기도했다.[19]

몇 주 후에 놀랍게도 몇 개의 의대에서 인터뷰 요청이 왔다. 인터뷰를 마친 후에는 좋은 결과까지 얻었다. 몇 개의 대학에서 입학 허가를 준 것이다. 그 중에는 브라운 의대와 콜롬비아 의대처럼 좋은 학교들도 있었다. 함께 기도한 청년들은 좋은 결과에 모두 기뻐했다. 내 생각에는 이제 감사한 결과를 받았으니 기도를 멈추고 축하만 하면 되는 것 같았다.

"다들 수고 했다. 이렇게 좋은 결과를 주신 하나님께 감사드리자. 그리고 우리 열심히 기도했으니 한턱 거하게 얻어먹어야겠지?"

영적 긴장을 풀고 좀 쉬는 분위기로 가려고 하는데 세희가 내 말을 끊고 자기 생각을 이야기했다.

"목사님, 아직 한 군데가 남았는데요. 하버드 의대요. 아직 결과가 안 나왔으니 더 열심히 기도해야죠."
"…."

난 아무 말도 할 수 없었다. 세희가 지혜를 위해 제일 열심히 기도하는 사람임을 알았기 때문이다. 자신은 공부를 못하는 처지지만, 의대를 가겠다는 친구를 위해 세희는 열심히 기도하고 있었다. 그렇게 세희는 지혜를 위해 더 열심히 기도했다. 일을 하면서 힘들 텐데 금식까지 하면서 기도했다.

기다리던 하버드 의대 발표 날이 되었다. 그러나 지혜는 입학허가서 편지를 받지 못했다. 떨어진 것 같았다. 알고 보니 보스턴에 폭설이 내려 발표가 연기되었다. 지혜는 결과를 기다리며 잠도 잘 못자고, 밥도 잘 먹지 못할 정도로 예민해졌다. 세희는 지혜를 위해 더 열심히 기도해 주었다.

"목사님, 합격했습니다. 하버드 의대에서 입학허가를 받았어요."

지혜가 청년부 모임에 합격 소식을 전했다. 청년들이 일제히 벌떡 일어나 소리를 지르고 '할렐루야'를 외치며 천장에 닿을 듯이 뛰며 기뻐했다. 그 광경을 아직도 잊을 수가 없다. 한 명만 자리에 앉아 있었다. 세희였다. 세희는 감사기도를 드리며 울고 있었다.

지혜는 하버드 의대에 입학했다. 그리고 얼마가 지났을까, 지혜가 내게 이런 말을 했다.

"목사님, 저는 제 친구 세희를 존경합니다."

이게 무슨 말일까? 아마 본인의 상황이 어려움에도 불구하고 자신을 위해 희생적으로 기도해 준 친구에 대한 깊은 사랑의 표현일 것이다. 지혜는 의대에 들어간 후 장학금을 받게 되었다. 지혜는 그 장학금을 모두 세희에게 주었다. 이 모습이 우리가 청년부에서 누렸던 공동체의 하나 됨 중 하나였다.

  그리스도 안에서 우리의 하나 됨을 지켜 나갈 때 무엇으로도 비교할 수 없는 아름다움을 경험하게 된다. 그 아름다운 빛에 그리스도의 이름이 드러난다. 이것이 분열이 가득한 이 시대 속에서 우리가 공동체의 하나 됨을 포기할 수 없는 이유다.

질문 6

자유롭게 사는 길이 있는데
왜 묶인 것처럼 살아갈까?

묶을 수 없는 사람

에베소서를 읽으면 바울이 죄수로 묶여 있다는 생각이 전혀 들지 않는다. 너무나 자유롭고 당당하다. 자유로운 시대에 살고 있으나 많은 것에 묶여 사는 사람들은 그런 바울에게 배울 필요가 있다. 그가 환경을 초월해서 그토록 자유로울 수 있었던 이유는 무엇일까?

이러므로 그리스도 **예수의 일로** 너희 이방인을 위하여 **갇힌 자 된 나 바울**이 말하거니와 (엡 3:1).

이 구절의 의미를 보다 분명하게 파악하기 위해 일단 헬라어 원문을 짧게 끊어서 직역해 보자.

이러므로 / 나, 바울, 그리스도 예수의 죄수 / 너희 이방인들을 위하여

'이러므로'가 나온 후 주어 '나'가 나온다. '나'에 이어서 동격 '바울'이 나온다. 그 다음에 자기의 현재 상황이 나온다. 바로 죄수다. 그런데 일반 죄수가 아니다. '그리스도 예수의 죄수'다. 로마의 죄수가 아니다. 그리스도 예수의 죄수다(the prisoner of Christ Jesus).

짧은 표현이지만 어떤 깨달음을 준다. 바울은 자신을 예수의 죄수로 보았다. 즉, 예수님 때문에, 더 구체적으로는 그분께서 부탁하신 이방인 선교를 하다가 이곳에 갇혔음을 말한다.

표면적 현상을 보면 바울은 로마에 의해 죄수로 판결 받고 감금된 것이 맞다. 사도행전 24장을 살펴보면 바울이 유대교를 어지럽게 하며 성전을 더럽게 한다고 생각한 유대인들이 벨릭스에게 그를 종교 위법자로 고발했다.

벨릭스 각하여… 우리가 보니 이 사람(바울)은 전염병 같은 자라 천하에 흩어진 유대인을 다 소요하게 하는 자요 나사렛 이단의 우두머리라 그가 또 성전을 더럽게 하려 하므로 우리가 잡았사오니 당신이 친히 그를 심문하시면 우리가 고발하는 이 모든 일을 아실 수 있나이다 하니(행 24:1, 5-8)

이 고발에 맞서며 바울이 자신에 대해 변호하는 과정에서 논쟁이 벌어지고, 그는 결국 로마까지 압송되어 가택 연금을 당했다. 단순히 현실적 시각으로 볼 때 바울은 유대인에게 고소당하고 로마의 판결에 의해 죄수가 되었다. 그럼에도 불구하고 바울은 단 한 번도 자신을 로마의 죄수라고 생각지 않았다. 그는 자신을 그리스도의 죄수로 보았다. 동일한 시각이 에베소서 4장 1절에서 표현을 달리해 반복적으로 나타난다.

그러므로 주 안에서 갇힌 내가(엡 4:1).

바울은 당당하게 말한다.

"나 바울은 유대인과 로마인들 때문에 죄수가 된 것이 아니다. 예수님 때문에 죄수가 되었다. 예수님을 위해 살다가, 예수님께서 내게 맡기신 이방 선교를 위해 살다가, 그분의 뜻이 있어 죄수가 되었다. 나는 주 안에서 갇혔다. 나는 그리스도 예수의 죄수다."

바울의 이 말을 통해 우리는 그가 '하나님의 분명한 주권'을 믿고 있었다는 것을 알 수 있다. 바울은 하나님이 자기 인생의 주인 되시고, 자신의 인생을 끌어간다는 것을 믿었다. 유대인들의 공격과 로마의 정치적 판결에 의해 자신의 인생이 결정된 것이 결코 아니라고 생각했다.

이 모든 것이 하나님의 주권 속에서 이루어진 일이라고 확신하고 있었다. 이렇게 바울은 현실을 넘어 믿음의 눈으로 하나님을 바라보고 그분의 주권을 인정했다. 하나님의 주권 가운데서 자신에게 이와 같은 결과가 빚어졌다면 절망할 이유가 없다. 그래서 그는 그리스도를 위해 받는 고난이 영광이요 기쁨이며 소망이라고 고백한 것이다.

편안한 환경에도 잊을 수 없는 하나님 주권

성숙하고 깊이 있는 성도, 진짜 믿음의 사람들은 어떤 사람인가? 하나님의 주권을 믿는 자다. 이런 성도들은 눈에 보이는 현실을 넘어 하나님의 분명한 주권을 믿는다. 이렇게 하나님의 주권을 볼 수 있는 것이 하나님의 사람들이 가진 특징이다. 하나님의 사람들이니 당연히 세상의 현상이 아닌 그분의 주권을 볼 수 있지 않겠는가?

어떤 가운데서도 하나님의 주권을 잊지 말아야 한다. 세상에서 좋고 편안한 위치에 있다고 그것에 취해 교만해지고 믿음을 소홀히 하는 삶을 살면 안 된다. 여러 부족함에도 자신을 좋은 곳으로 이끄신 하나님의 주권에 감사하면서 겸손히 영혼들을 섬겨야 한다.

지금 내가 누리고 있는 편안한 환경을 누가 허락해 주셨는지 잊어서는 안 되는 것이다. 우리가 다니는 좋은 학교, 직장, 부모님까지 모두 하나님이 주시지 않았다면 가질 수 없었던 것이었다. 이 사실이 가슴 깊이 와 닿아야 한다. 그래야 가진 것에 교만하지 않고, 나를 위해서가 아니라 주님을 위해 살 수 있다.

　사랑의교회에서 젊은이 사역을 할 때 우리 부서에 서울대 치대에 다니는 소현(가명)이라는 학생이 있었다. 얼굴도 예쁘고 공부도 잘했을 뿐 아니라 집안까지 좋았다. 그야말로 모든 것을 다 갖춘 자매였다. 많은 사람들이 소현이를 부러워했다. 소현이에게 더 필요한 것이 없다고 생각했다. 그러나 담당교역자인 나는 생각이 좀 달랐다. 나는 소현이가 자신에게 좋은 것들을 주신 하나님을 좀 더 알기를 바랐다. 하나님 나라를 위해 자신이 가진 것을 사용할 줄 아는 사람이 되길 기도했다.

　그러던 중 우리 부서에서 태국 단기선교를 가게 되었는데 소현이도 참여했다. 그 단기선교는 2주 동안 태국 지역전도와 탈북자 선교사역을 위해 만들어진 것이었다.

　당시 우리가 가는 태국 지역에 20여 명의 탈북 주민들이 다른 나라로 인도되기를 기다리고 있었다. 탈북자들은 북한 국경을 넘어 중국으로 와서 숨어 있다가 태국으로 왔는데 짧으면 1년 반, 길게는 3년의 시간이 걸렸다고 했다.

　우리 선교팀은 며칠 동안 탈북자들과 우리가 준비한 음식을 나누고 문화공연도 해 주면서 먼저 그들과 편안한 관계를 만들어갔다. 그리고 끝에 짧은 수련회를 통해 복음을 전했다. 우리는 이 수련회를 '복음 잔치'라고 불렀다. 내가 말씀을 전하고 나면 보다 세밀하게 말씀을 가르치기 위해 탈북자들과 청년들이 소그룹으로 모였다. 각 조마다 리더를 세워 믿음이 무엇이고 신앙생활이 왜 중요한지 나누게 했다.

소현이도 조장이 되어서 탈북자들을 열심히 돕고 있었다. 마지막 날 많은 탈북자들이 주님을 영접해 기쁨의 잔치가 벌어졌다. 감사한 마음으로 소그룹에서 음식을 나누고 있는데 갑자기 소현이가 울기 시작했다. 나는 깜짝 놀라 소현이에게 왜 우느냐고 물었다.

"이 아주머니께서 주님을 영접했어요."
"그래. 그게 기뻐서 우는구나?"
"예, 너무 기뻐요. 그런데 그것 때문에 우는 게 아니에요. 이 아주머니가 아이를 데리고 탈북해서 여기까지 오는 동안 아이가 죽었대요."

소현이는 눈물을 뚝뚝 흘리며 이야기를 이어갔다.

"그런데요 목사님, 물어보니 이 아주머니 나이가 저보다 딱 한 살 위예요. 그런데 어떻게 이런 힘든 삶을 살아왔을까요."

나중에 들어보니 소현이는 탈북한 그 아주머니가 딱해서 운 것만이 아니다. 비슷한 나이에 동시대를 살아온 그 아주머니와 자신이 너무 다른 환경에서, 너무 다른 삶을 살고 있다는 사실에 충격을 받은 것이다. 자신은 좋은 부모 밑에서 편안하게 공부하며 여러 가지를 누렸다. 그런데 왜 자신보다 한 살 많은 그 아주머니는 북한에서 고생하며, 자식까지 잃었을까? 이런 사람들이 있는데 나만 편안하게 지내면 되는 것인가? 나는 어떤 삶을 살아야 하는가? 이런 질문들이 밀려오면서 눈물을 흘린 것이다.

태국 단기선교에서 겪었던 그 사건이 소현이의 신앙 생활에 큰 전환점이 되었다. 선교를 마치고 한국에 돌아온 후 소현이는 청년부의 섬봉사 활동과 농촌 봉사 활동에 참여했다. 회교권에 의료선교도 다녀왔다. 자신이 좋은 부모를 만나고, 좋은 학교를 들어간 것이 다 하나님의 주권 가운데 주어진 은혜라는 것을 깨달은 것이다. 그래서 자신의 것을 하나님 나라를 위해, 어렵고 힘든 영혼들을 위해 나누기 시작했다.

깨달으며, 감사하며, 나누며

내가 대학생 집회에 가면 자주 하는 이야기가 있다.

"여러분은 지금 이곳에서 공부하고 있습니다. 그러나 지금 북한에서는 여러분과 똑같은 나이의 젊은이들이 먹지 못해 굶주리고 있습니다. 굶주릴 뿐 아니라 강제 노역에 시달리고 있습니다. 여러분 한 학기 대학등록금이면 북한 아이들 200명이 한 달 동안 점심을 먹을 수 있습니다. 지금도 아프리카에서 죽어 가는 아이들을 살릴 수 있습니다. 생각해 보아야 합니다. 우리만 편하게 지내면 되는 것일까요? 우리만 이곳에서 공부 잘 하면 되는 것일까요? 이제 고민해 보아야 합니다. 과연 나는 어떤 마음으로 공부하고, 어떤 삶을 살아야 할까요?"

이 책을 읽고 있는 여러분도 진지하게 고민해 보라. 내가 어떤 자세로 공부를 해야 하고, 어떤 마음으로 직장에 다녀야 할지 생각해 보라.

우리는 실로 어마어마한 걸 누리면서 살고 있다. 아직 더 가져야 한다고 생각할지 모르나 조금만 눈을 들어 가난한 지구촌의 사람들을 보면 그 생각이 바뀔 수밖에 없다. 우리만 누려서는 안 된다. 우리끼리만 교회에 앉아서 먹고 마셔서는 안 된다.

지금 좋은 환경에서 편안한 삶을 누리고 있다면 하나님께서 우리의 눈을 열어 주셔서 이런 기도를 올릴 수 있기를 바란다.

"하나님의 은혜로 제게 좋은 것을 베풀어 주셨습니다. 제가 받은 축복에 취해 교만하지 않도록 도와주소서. 은혜로 받은 것을 움켜쥐지 않게 하시고, 겸손과 사랑으로 나누게 하소서."

어려울 때도 믿어야 할 하나님의 주권

삶이 순조롭고 안정적일 때 하나님의 주권을 인정할 줄 알아야 한다. 반대로 삶에 풍랑이 일어나고 불안함이 몰려올 때도 변함없이 하나님의 주권을 인정해야 한다. 사실 바울의 지금 모습이 바로 이런 경우라고 하겠다. 삶이 상황에 묶였으나 그는 하나님의 주권을 인정했다. 그래서 바울은 세상이 알 수 없는 자유함을 누릴 수 있었다.

눈물 나게 어렵고 힘든 상황에서도 하나님을 신뢰하며 최선을 다했다. 그런데 점점 더 어려운 상황이 벌어진다. 인생이 불확실의 안개 속을 걷는 것 같다. 그때도 우리는 하나님의 주권을 믿어야 한다. 내가 서 있는 곳에서 하나님의 뜻을 구하고, 그분의 가르치심을 배우고, 고난 가운데 오히려 성장과 간증을 주시는 은혜를 경험해야 한다.

어디를 가나 주신 것에 만족하지 못하고 징징거리는 성도들이 너무 많다. 어떤 친구들은 버릇처럼 투덜거린다.

"제가 다닐 만한 학교가 아닌데, 그냥 다니고 있어요."

안쓰러운 마음이 들어서 일단 들어 주기는 한다. 그러나 근거 없는 자만심과 뜬금없는 교만으로 들릴 때가 더 많다. 그래서 겉으로 말은 못하지만 속으로 야단을 친다.

'그 학교 네가 다닐 학교 맞아. 지금도 교만한데, 네가 바라던 학교까지 들어갔으면 지금보다 얼마나 더 교만했겠냐?'

실력보다 중요한 것이 있다. 실패했을 때 겸허히 받아들이는 정직함이다. 그리고 거기서 다시 시작할 수 있는 용기다. 그렇게 정직함과 용기로 쌓여진 실력이 진짜 실력이다. 이런 실패 앞에서의 정직함과 다시 시작할 수 있는 용기는 하나님의 주권을 믿을 때 가질 수 있는 것이다. 취업 시험에 몇 번씩이나 떨어져 계속 일자리를 찾는 청년들이 주위에 많다. 거듭되는 취업 실패… 쉽지 않은 상황이다. 그런데 똑같이 취업에 낙방해도 하나님의 주권을 믿는가, 그렇지 않은가에 따라 반응이 너무 다르게 나타난다. 하나님의 주권을 믿지 않는 사람들은 일단 실망부터 한다. 실망이 다른 사람들에 대한 원망으로 나타난다. 결국 원망이 절망이 되고 우울증에까지 빠지는 청년들도 있다.

반면 하나님의 주권을 믿는 청년들은 다르게 반응했다. 그들도 처음에는 실망했다. 그러나 이해할 수 없더라도 기도하면서 상황을 받아들였다. 자신을 정직하게 평가하면서 성실하게 실력을 키웠다. 최선을 다하면서 하나님의 도우심을 기다렸다. 그럴 때 전혀 예상치 못한 방법으로 하나님께서 그들을 도와주시는 것을 많이 보았다.

이런 핑계 저런 핑계를 대면서 회사를 계속 옮기는 사람들이 있다. 어렵게 입사했는데 상사인 A부장이 너무 괴팍해서 참지 못하겠다며 다른 회사로 옮겼다. 그러면 십중팔구 새로 옮긴 회사에도 A부장 같은 사람이 있기 마련이다. 결국 몇 개월 못 견디고 다른 회사로 옮기고 싶어 한다.

이런 사람들에게도 필요한 것이 하나님의 주권을 믿는 것이다. 하나님이 우리를 그곳에 두신 이유가 있음을 믿어야 한다. 그 사람을 만나게 하신 이유가 있음을 알아야 한다. 힘들지만 일정 시간 그곳에서 그 사람을 견뎌 내야 한다. 견디면서 하나님께서 내게 주시는 교훈을 배워야 한다. 내가 쌓아야 할 실력을 갖추어야 한다. 그럴 때 하나님이 우리를 축복해 주시고 성장시키신다. 때가 되면 가장 적합한 곳으로 우리를 인도하신다.

선택 앞에 하나님의 뜻을 묻다

하나님의 주권을 믿으며 살아간다는 것이 추상적으로 들릴 수 있다. 그러나 에베소서를 자세히 보면 그렇지 않다. 하나님의 주권을 인정하는 삶은 크게 두 가지로 요약할 수 있다.

첫 번째는 지속적으로 하나님의 뜻을 찾는 삶이다. 하나님이 내 주인이시기 때문에 그분의 뜻이 무엇인지 계속 물으며 살아가는 것이다. 두 번째는 최선을 다하는 삶이다. 하나님의 주권을 믿는 삶은 그분의 뜻을 구하는 것으로 끝나지 않는다. 자신이 깨달은 하나님의 뜻을 이루기 위해 최선을 다한다.

신앙이 깊지 않은 성도들의 특징 중 하나가 하나님의 뜻을 구하지 않는 것이다. 그분의 뜻을 찾기 위해 기도하지 않는다. 말씀을 묵상하지 않는다. 그러니 하나님의 뜻이 아니라 자기 계획으로 움직이고, 자기 생각대로 판단한다. 모든 결정과 행동의 중심이 자신이다. 그들의 삶에 하나님은 없다.

하나님의 뜻을 구하지 않는 삶은 처음에는 편한 것 같다. 그러나 곧 두려움에 휩싸이기 쉽다. 특별히 하나님의 뜻을 구하지 않으면 선택의 순간에 영적 새가슴이 되기 쉽다. 선택의 순간 두려움에 휩싸인다. '이것을 택할까, 저것을 택할까? 이 직장을 택할까, 저 직장을 택할까? 이 사람을 택할까, 저 사람을 택할까?' 잘못 선택하면 인생이 어려워질 거라 생각하니 새처럼 벌벌 떨기만 할 뿐 정작 결단을 내리지 못한다. 이런 안절부절못하는 모습은 하나님의 주권을 인정하는 삶이 아니다.

하나님의 주권을 믿는다면 먼저 '내 인생은 내 것이 아니고 하나님의 것입니다'라고 담대히 고백하라. 그리고 나를 만드신 하나님께 묵상과 기도로 나아가라. 특별히 인생의 중요한 선택의 순간이 왔을 때 그분께 엎드려 도움을 청하라. 하나님은 그런 우리의 모습을 기뻐하신다.

'혹시 잘못 선택해서 삶이 어려워지면 어쩌나…' 하는 두려움에 휩싸일 필요 없다. 선택에 대한 두려움은 하나님의 뜻을 구하지 않을 때 찾아오는 것이다. 지금 두려움의 에너지를 묵상과 기도의 에너지로 바꾸라. 그래서 인생의 가장 중요한 선택을 하나님과 함께 내리라. 나머지는 하나님께서 책임져 주신다. 선택 앞에 떨지 말자. 그분과 함께 결정한 것이니 그냥 전진하면 된다.

두려워 말고 선택하라

예전에 내가 사역했던 교회에서 지수(가명)라는 청년이 대학 편입 준비를 하고 있었다. 지수는 열심히 준비한 편입 시험을 마치고 내가 이끄는 일본 선교에 참여했다. 선교 기간 중에 지수의 편입 시험 결과가 나오는 날이 겹쳐 있었다. 아침 기도회 시간에 선교팀원들이 모여 앉아 찬양을 하고 있는데, 지수가 시험 결과를 알아보겠다고 잠시 나갔다.

결과를 확인하고 돌아온 지수의 얼굴을 살펴보니 묘한 미소가 있었다. 우리는 잠시 찬양을 멈추고 결과를 물었다.

"어떻게 됐냐?"
"떨어졌습니다."

나는 순간 놀랐다. 지수는 성실한 청년이었다. 신앙도 좋아서 많은 후배들이 따랐다. 그런 지수가 낙방하다니.

"농담하지 말고, 진짜 어떻게 됐냐?"
"농담 아니에요. 떨어졌어요."

분위기가 찬물을 끼얹은 듯 조용해졌다. 우리는 지수에게 무슨 위로의 말을 해야 할지 몰랐다. 자신이 원했던 결과를 받지 못했지만 지수는 일본 선교 기간 동안 최선을 다했다.
한국으로 돌아오던 날 지수가 내게 물었다.

"목사님, 다시 편입 준비를 해야 할지, 그냥 지금 학교에 다녀야 할지 잘 모르겠습니다."

그러면서 다시 편입을 준비할 때와 지금의 학교를 그냥 다닐 때의 각

각의 장단점을 죽 나열하며 말했다. 어느 정도 듣다가 나는 지수에게 간단명료하게 내 생각을 말해 주었다.

"생각을 잠시 멈추자. 그냥 기도하자. 그렇게 하나님의 뜻을 구해라. 그리고 어느 쪽이든 편하게 선택해라. 네가 진짜 하나님께 의지하면서 선택했다면 거기서부터 하나님이 다시 역사하실 거다."

내가 이렇게 말할 수 있었던 것은 나도 지수도 우리 삶을 향한 하나님의 주권을 분명히 믿었기 때문이다. 지수는 편입 계획을 접고 자기가 다니던 학교에서 계속 공부하는 쪽으로 결정을 내렸다. 기도하며 자기가 선택한 것에 최선을 다했다.

후에 학교에서 선발하는 교환학생으로 뽑혔고 졸업 후 미국으로 유학을 떠났다. 미국에서 영어의 장벽 때문에 쉽지 않았지만 지수는 열심히 공부했다. 드디어 졸업논문 주제를 잡아야 할 중요한 시점이 왔다. 지수는 내게 A 방향으로 써야 할지, 아니면 B 방향으로 써야 할지 고민이 된다고 말했다. 내 대답은 똑같았다.

"네 생각은 잠시 접어 두고, 기도해라. 그리고 선택하면 된다."

기도하며 쓴 논문이 잘 통과되었다. 지수는 졸업 후 자기가 어떤 선택을 해야 할지 물었다. 미국에 남아야 할지, 한국으로 가야 할지 잘 모르겠다고 했다. 그때도 내가 해 준 말은 똑같았다.

"기도하고 그냥 하나님이 열어 주시는 곳으로 가면 된다."

나는 지수의 삶을 하나님이 주권적으로 이끌어 가시는 것을 여러 번 보았기 때문에 이번에도 자신 있게 말할 수 있었다. 지수는 미국 교수 자리에 지원했으나 문이 열리지 않았다. 한국 교수 자리도 길이 나지 않았다. 지수도 나도 초조함을 느꼈다. 그러니 더 열심히 기도할 수밖에 없었다.

그러던 중 중국 닝보라는 지역에서 교수 채용 공고가 났다. 영국 노팅햄 대학의 중국 분교(The University of Nottingham Ningbo China)에서 교수를 찾고 있었던 것이다. 당시 이 학교는 서양인 교수들과 동양인 교수의 비율을 맞추기 위해 교수 지원자 중에서 동양 사람들에게 관심을 갖게 되었다. 결국 치열한 경쟁을 뚫고 지수가 해당 학과 교수로 선출되었다. 하나님의 주권적 예비하심을 다시 한 번 경험하는 순간이었다. 지수는 지금 선교의 마음을 품고 닝보에서 학생들을 가르치고 있다.

나는 하나님의 주권을 믿는다. 우리 삶의 주인이신 하나님께서 우리의 삶을 선하게 이끌어 가신다. 우리가 인생의 중요한 순간에 전심으로 하나님의 뜻을 구할 때 그분은 기뻐하신다. 우리에게 찾아와 당신의 뜻을 알려 주신다. 그분의 뜻을 따라 믿음으로 선택할 때 길을 열어 주신다. 하나님의 주권을 믿을 때 선택은 두려움이 아니다. 설렘이 된다.

하나님을 뜻을 구한 그 다음…

하나님은 우리 삶의 주인이시다. 주인 되신 하나님께서 내게 귀한 삶을 주셨다. 그분께서 우리 삶을 통해 무엇인가 이루시길 원하신다. 먼저 그분의 뜻을 알아야 한다. 알았다면 주인께서 주신 삶에 최선을 다해 그것을 이루어야 한다. 그것이 하나님의 주권을 믿는 삶이다.

바울은 자신이 에베소로 다시 돌아온 것이 하나님의 뜻 가운데 이루어진 것임을 믿었다. 바울의 전도 행적이 나타나 있는 사도행전을 보면, 그는 2차 전도여행 중 안디옥으로 돌아가는 길에 잠시 에베소에서 유대인과 변론하면서 복음을 전했다(행 18:18-23). 바울의 가르침에 놀라며 사람들은 그에게 에베소에 좀 더 머물러 달라고 말했다. 그러나 바울은 허락하지 않았다. 그는 에베소를 떠나며 유명한 말을 남겼다.

> 여러 사람이 더 오래 있기를 청하되 허락하지 아니하고 작별하여 이르되 **만일 하나님의 뜻이면 너희에게 돌아오리라** 하고 배를 타고 에베소를 떠나(행 18:20-21).

'만일 하나님의 뜻이면.' 얼마나 멋있는 말인가! 바울은 하나님의 주권을 믿었다. 그래서 기도하면서 만일 에베소로 돌아오는 것이 하나님의 뜻이 분명하다면 다시 돌아오겠노라 말한 것이다.

'만일 하나님의 뜻이면 너희에게 돌아오리라.' 그 후 어떻게 되었을까? 1년 후 바울은 3차 전도여행 때 에베소로 돌아왔다(행 19:1-7). 하나님께서 자신을 에베소로 인도하시는 것을 깨닫고 다시 돌아온 것이다. 바울은 에베소 교회를 세우기 위해 최선을 다했다. 하나님의 주권을 확신했던 바울, 그래서 그분께 뜻을 물었다. 그리고 그 뜻을 안 후 그것을 이루기 위해 최선을 다했던 것이다.

뜻을 알고 최선을 다하라

바울은 3년 동안 온 힘을 다해 에베소에 있는 영혼들을 섬겼다. 주인 되신 하나님께서 자신에게 사명을 맡기셨기 때문이다. 오직 그 이유 하나 때문에 바울은 최선을 다했다.

> 그러므로 여러분이 일깨어 내가 삼 년이나 밤낮 쉬지 않고 눈물로 각 사람을 훈계하던 것을 기억하라(행 20:31).

바울은 그랬다. 그는 밤낮 눈물로 에베소 사람들을 가르쳤다. 두란노 서원을 세우고 많은 유대인과 이방인에게 하나님의 말씀을 가르치고 복음을 전했다(행 19:8-10). 그때 병자가 낫고, 귀신이 떠나가는 역사가 일어났다.

하나님이 바울의 손으로 놀라운 능력을 행하게 하시니 심지어 사람들이 바울의 몸에서 손수건이나 앞치마를 가져다가 병든 사람에게 얹으면 그 병이 떠나고 악귀도 나가더라(행 19:11-12).

뿐만 아니다. 하나님의 역사를 보며 사람들이 두려워 떨고 예수님의 이름을 높였다. 많은 사람들이 자신의 죄를 자복하며, 마술을 행하던 사람들이 자기 책을 모두 불사르는 놀라운 광경이 벌어졌다.

믿은 사람들이 많이 와서 자복하여 행한 일을 알리며 또 마술을 행하던 많은 사람이 그 책을 모아 가지고 와서 모든 사람 앞에서 불사르니 그 책값을 계산한즉 은 오만이나 되더라(행 19:19-20).

어떻게 이런 일이 벌어진 것일까? 바울은 자신을 에베소로 인도하신 하나님 뜻을 믿으며 자기에게 주어진 것에 최선을 다한 것이다. 그 때 하나님께서 바울을 통해 이런 놀라운 역사를 일으키신 것이다.

하나님이 길을 예비하신다

바울이 3년간 에베소 지역 선교에 최선을 다했을 때 엄청난 역사가 일어났다. 그는 에베소 지역에서 유명한 인물이 되었다. 뿐만 아니라 그에 대한 소문이 여러 지역으로 퍼져 나갔다. 바울은 이제 에베소에 미물면서 자신이 뿌려놓은 사역의 열매를 거두며 편안히 지낼 수 있었다. 하지만 바울은 그 순간에 다시 하나님의 뜻을 생각했다.

'이 일이 있은 후에', 즉 성공적인 에베소 사역이 이루어진 후 분위기가 갑자기 전환된다. 바울이 자신의 삶의 주인이신 하나님을 다시 생각한 것이다. 현재 사역의 성공에 취하지 않고 다시 하나님을 바라보았다. 그리고 하나님께서 자신이 로마까지 가기를 원하시는 것을 깨닫고 에베소에 얼마간 머물다가 떠나기로 결심했다.

> 이 일이 있은 후에 바울이 마게도냐와 아가야를 거쳐 예루살렘에 가기로 작정하여 이르되 내가 거기 갔다가 후에 **로마도 보아야 하리라** 하고(행 19:21).

바울이 인간적으로 결심한 것이 아니다. 깨닫게 하시는 성령의 역사 가운데서 하나님의 뜻을 깨달은 것이다. 방금 살펴본 구절을 원문에 따라 직역해 보면 '바울이 성령 안에서 결심했다'가 된다. 영어 성경도 이 원어의 감을 살려 'Paul resolved in the Spirit(ESV)'이라고 번역했다. 즉, 바울이 성령의 역사 가운데서 하나님의 뜻을 깨닫고 결심한 것이다. 본문을 쉽고 명확하게 번역한 것을 참고해 보자.

> 이 일이 다 이루어진 후에 **바울이 성령 안에서** 마케도니아와 아가야를 두루 다녀 예루살렘으로 가기로 **작정하고** 말하기를 '내가 거기에 간 후에 로마도 보아야 하겠다' 하고.[20]

바울은 성령의 역사로 깨달은 하나님의 뜻에 순종해 먼저 예루살렘으로 갈 것을 결정했다. 그 후에 로마까지 가겠다고 결심했다.

바울은 에베소를 떠나 예루살렘으로 가면, 로마에도 가기 전 유대 종교지도자들로부터 많은 고난을 받게 될 것을 이미 알고 있었다. 우리 같으면 두려움에 휩싸여 예루살렘으로 가지 못했을 것이다. 그런데 바울은 성령을 통해 인도하시는 하나님의 주권을 믿고 예루살렘을 향해 간다. 그 과정에서 필요하면 자신의 생명까지도 드릴 것을 각오한다.

> 보라 이제 나는 성령에 매여 예루살렘으로 가는데 거기서 무슨 일을 당할지 알지 못하노라 오직 성령이 각 성에서 내게 증언하여 결박과 환난이 나를 기다린다 하시나 내가 달려갈 길과 주 예수께 받은 사명 곧 하나님의 은혜의 복음을 증언하는 일을 마치려 함에는 나의 생명조차 조금도 귀한 것으로 여기지 아니하노라(행 20:22-24).

바울은 결국 예루살렘에서 종교지도자들에게 고소를 당했다. 숱한 어려움을 겪으면서 로마에 압송되었고 거기서 죄수가 된다.

하나님의 주권을 믿고 따랐는데 왜 죄수가 되어 묶이게 하셨을까? 시간이 흐르고 우리는 부분적으로 그 이유를 알게 되었다. 바울은 로마로 이송되는 과정과 재판 과정에서 많은 로마 군인들, 고위 관료들, 귀족층을 만나 복음을 전할 수 있는 기회를 가졌다. 또한 여러 분주한 선교사역 때문에 쓰지 못했던 글을 쓸 수 있었다. 우리가 잘 아는 것처럼 에베소서, 빌립보서, 골로새서, 빌레몬서가 옥중에서 쓰인 글들이다. 바울이 성령의 감동으로 이 때 기록한 글들을 통해 우리는 이 시대에도 여전히 하나님의 은혜를 깨닫고 있다. 하나님의 주권 속에서 인간이 전혀 예상치 못한 일들을 이루신 것이다.

하나님의 주권을 인식하자. 그분의 뜻을 찾고, 그것을 이루기 위해 최선을 다하자. 그때 우리에게도 전혀 예상치 못한 길이 열릴 것이다.

Part 3

앞으로 나아가는 힘, 그리고 삶의 도약에 대해

그러므로 주 안에서 갇힌 내가

너희를 권하노니

너희가 부르심을 받은 일에

합당하게 행하여 (엡 4:1).

질문 7

완전히 다른 수준의 삶을 시작할 수 있는가?

아름다운 영적 유턴

신앙 생활을 잘 하다가 어느 순간 세상과 죄에 눈이 어두워져 하나님을 떠난 사람을 종종 본다. 하나님을 위해 살았어야 할 분인데 10년, 20년, 긴 세월을 방황했다. 하나님이 원하시는 반대 방향으로 삶을 살며 시간을 허비했다. 죄로 몸과 영혼이 망가졌다. 이제 끝난 인생이 된 것일까? 아니다. 아직 소망이 있다. 하나님이 아직도 부르고 계신다. 지금 영적으로 유턴해서 돌아오면 된다.

고속도로에서 우리가 차를 잘못 운전해 목적지와는 정반대로 20킬로미터를 날려갔다고 가정하자. 그러면 유턴을 해서 20킬로미터를 돌아와야 한다. 다시 돌아온 지점에서 목적지를 향해 달려야 한다. 그러나 영적 유턴의 원리는 그렇지 않다. 하나님의 부르심에 자신의 잘못을 깨닫고 영적 유턴을 하면 거기서부터 바로 진리를 향해 나아갈 수 있다. 이런 영적 유턴이 왜 가능한가? 우리를 부르고 계신 하나님이 계시기 때문이다.

리차드 스턴스(Richard Stearns)라는 23살의 젊은이가 있었다. 그는 이른 나이에 주님을 만나고 자신의 삶을 그분께 드리기로 결심했다. 결혼을 앞두고 배우자가 될 르네(Renee)에게 리차드는 이런 말을 했다.

"세상에 굶주리는 어린이가 있는 한, 우리는 도자기, 크리스털, 은 식기를 쓸 수 없어."[21]

결혼 후에도 리차드는 어려운 사람들을 생각하며 하나님 앞에 철저하게 검소하고 절제된 삶을 살겠다고 결심한 것이었다.

10년 후 그의 나이 33살 때, 리차드는 한 회사의 사장이 되었다. 다시 10년 후 그의 나이 43살 때, 가난한 사람들을 생각하며 좋은 식기를 쓰지 않겠다던 리차드는 미국 최고급 식기 회사 '레녹스'(Lenox)의 최고경영자가 되었다. 그는 필라델피아 외각의 6천 평 대지 위에 지어진 침실 10개짜리 집에서 아내, 그리고 다섯 자녀들과 함께 살았다. 매일 재규어를 타고 출근하고, 사업 확장을 위해 열심히 세계를 돌아다녔다.

23살 때 하나님의 부르심에 헌신하겠다고 결심했던 그가 자신이 했던 약속을 잊고 20년간 세상을 향해 달려간 것이었다. 그런 리차드를 하나님은 그냥 두지 않으셨다. 그를 부르기 시작하셨다. 그에게 영적 유턴을 하게 하기 위해서였다.

어느 날 한 기독교 자선단체로부터 리차드에게 회장으로 와 달라는 요청이 왔다. 그는 요청을 듣자마자 거절했다. 그 단체에서 여러 번 요청이 있었지만 그는 거절했다. 자신이 적합한 사람이 아니라고 생각했다. 그러나 사실 그 이유보다 자신이 이룬 것을 내려놓고 싶지 않았기 때문이었다.

그러던 중 그 단체의 요청으로 우간다를 방문했다. 그곳에서 13살 한 어린아이를 만났다. 우연의 일치인지 그 아이의 이름도 리차드였다. 리차드는 꼬마 리차드와 이야기를 나누게 되었다. 아이의 부모는 에이즈로 죽었다. 장례를 제대로 치를 수 없어서 자신의 집 앞에 부모를 묻고 돌을 쌓았다. 매일 부모가 묻힌 곳을 바라보며 살 수밖에 없는 처지가 된 것이다. 아이는 수돗물도 나오지 않고, 전기도 없는 곳에서 동생 둘을 키우고 있었다.

리차드는 꼬마 리차드를 보며 두 가지 마음이 들었다. 너무 안타까워서 돕고 싶은 마음과 돈이나 좀 쥐어 주고 빨리 그 자리를 피하고 싶은 마음이었다. 사실 후자의 마음이 더 컸다. 그러던 중 아이와 대화를 나누다가 그의 굳은 마음이 깨지는 경험을 했다. 책의 일부를 인용해 본다.[22]

나는 리차드에게 크면 뭐가 되고 싶냐고 어색하게 물었다. 유년기를 잃어버린 아이에게 그렇게 묻다니, 내가 생각해도 우스꽝스런 질문이었다. 아이가 대답했다.

"의사요. 병이 있는 사람을 돕고 싶어요."
"성경책이 있니?"

내가 물었다. 아이는 다른 방으로 달려가서 금박이 입혀진 소중한 책을 갖고 돌아왔다.

"읽을 수 있니?"
"저는 요한복음을 자주 읽어요. 하나님이 어린아이들을 사랑하신단 말이 나오거든요."

그 말을 듣는 순간 가슴에서 뜨거운 덩어리가 올라와 눈물이 흘러내리기 시작했다.

'주님 용서하소서. 용서하소서. 저는 몰랐나이다.'

그러나 사실 나는 알았다. 세상의 가난과 고통을 모르지 않았다. 어린 아이들이 먹을 것과 깨끗한 물이 없어 매일 죽어 간다는 것을 알고 있었다. 에이즈와 그로 인해 남겨지는 고아들에 대해 알면서도 그 사실을 남의 일로만 여긴 채 다른 쪽을 바라보고 있었던 것이다.

리차드는 깊이 회개했다. 그리고 그 순간 자신이 무엇을 추구하며 살아왔는지를 생각했다. 그리고 앞으로 무엇을 위해 살아야 할지를 생각했다. 그가 우간다에서 돌아왔을 때 자신에게 회장직을 요청했던 기독교 자선단체에서 다시 한 통의 전화를 받았다. 그때 리차드는 자신을 부르시는 하나님을 느꼈다. 세상을 향해 달리던 삶을 돌이켜 하나님께 돌아가야 할 영적 유턴의 순간이 온 것이다.

전화를 받았을 때, 나는 전화선 맞은편에 하나님이 계심을 느꼈다. 내 귀에 들려온 것은 회장직 수락을 종용하는 사람의 목소리가 아니라 하나님의 음성이었다. '리차드야, 굶주리는 어린이들에 대한 열정이 넘쳐서 혼수품도 다 채우지 않으려던 1974년의 그 젊은 이상주의자를 기억하느냐? 지금 네 모습을 자세히 보아라. 너는 어떤 사람이 되었느냐? 그러나 리차드야 아직도 그 아이들에 대한 관심이 남아 있다면, 너에게 이 일을 맡기고 싶구나.'[23]

리차드는 하나님의 부르심 앞에 결국 무릎을 꿇었다. 순종했다. 그에게 회장직을 요청한 단체는 세계적인 기독교 구호단체인 월드비전(World Vision)이었다. 그는 현재 월드비전의 회장으로 세계를 돌아다니며 수없이 많은 사람들을 돕고 있다. 영적 유턴이 만들어 낸 아름다운 풍경임에 틀림없다.

한때 영혼을 위해, 교회를 위해, 민족을 위해, 하나님 나라를 위해 자신의 삶을 드리겠다고 결단했지만 막상 지금은 세상으로 향해 걸어가는 사람들이 많다. 과거의 소중한 약속을 잊고 생활에 묻히고 세상에 치여 허덕이는 인생이 되어 버린 사람들이 많다. 하나님은 그런 사람들을 그냥 두시지 않는다. 그들에게 찾아가신다. 그들을 부르신다. 그 부르심에 우리가 응답해 영적 유턴을 하면 전혀 다른 수준의 삶에 대한 시각이 열리기 시작한다.

부르심에 합당하게 살아라

에베소서는 크게 두 부분으로 나누어져 있다. 첫 부분은 1-3장으로 우리가 얻은 '영적인 축복'에 관한 것이다. 둘째 부분은 4-6장으로 그 축복을 얻은 우리가 어떻게 살아야 하는지에 대한 구체적 '삶에 대한 지침'에 관한 것이다.

1-3장에서 나타난 영적인 축복을 짧게 요약하면 '그리스도 안에서 우리가 얻은 풍성한 구원'이다. 바울은 우리가 그리스도 안에서 엄청난 선물을 받았다고 강조했다. 그는 이것을 강조하기 위해 1-3장에서 '그리스도 안에서'라는 말, 즉 헬라어 **엔 크리스토**를 열세 번이나 반복해서 사용했다. [24]

바울은 우리가 그리스도 안에서 받은 축복을 자세히 말한 후에 이제 4-6장을 통해 이런 복을 받은 우리가 어떤 삶을 살아야 하는지를 이야기하기 시작한다.

그러므로 주 안에서 갇힌 내가 너희를 권하노니 너희가 **부르심을 받은 일에 합당하게 행하여**(엡 4:1).

바울은 4장 1절을 '그러므로'라는 말로 시작했다. 이 단어는 헬라어 운을 번역한 것이다. 이 단어는 '앞의 이유 때문에'라는 의미를 가졌는데, 영어로 주로 'therefore'(그러므로) 혹은 'consequently'(결과적으로)라고 번역된다. 이 단어는 '앞에 나타난 내용의 이유나 근거로'라는 뜻이다. 바울이 이 단어를 쓴 이유는 1-3장에서 말한 내용을 근거로 그리스도인들이 어떤 삶을 살아야 하는지 구체적으로 이야기하기 위해서였다.

사실 바울은 '이렇게 살아야 한다'고 이야기를 하는 정도가 아니고 꼭 그렇게 해야 한다고 당부하고 있다. 1절에 '권하노니'라는 단어가 쓰였다. 이것은 헬라어 **파라칼레오**를 번역한 것인데, 영어로 주로 'urge'(강력히 권고하다) 혹은 'beseech'(간청하다)로 번역된다. 그러니까 바울은 지금 우리가 받은 축복, 복음에 적합한 삶을 살아야 한다고 말하는 정도가 아니다. 간절한 마음으로 당부하고 있는 것이다. 그가 그리스도인들에게 그토록 강조하고 싶었던 것은 '부르심에 합당하게 행하는 삶'이었다.

그분이 우리를 부르신다

많은 사람들이 어떤 순간에 인생이 혼자인 것 같이 느껴져 절망한다.

그러나 하나님의 은혜가 임하면 달라진다. 새로운 것을 깨닫게 된다. 우리의 인생에 하나님이 늘 함께 계셨고, 그분이 언제나 나를 부르시고 계셨다는 것을 알게 된다. 하나님은 우리를 불러내셔서 귀한 존재가 되게 하신다. 자격 없는 우리에게 귀한 소명과 직분을 맡기신다.

고아같이 버려진 우리를 불러 주셨다. 그리고 당신의 자녀로 삼아 주셨다.

> 그 기쁘신 뜻대로 우리를 예정하사 예수 그리스도로 말미암아 자기의 아들들이 되게 하셨으니(엡 1:5).

에베소서뿐만 아니라 다른 성경에서도 우리를 부르시는 모습이 나타난다.

> 너희를 불러 그의 아들 예수 그리스도 우리 **주와 더불어 교제하게 하시는 하나님**은 미쁘시도다(고전 1:9).

이 구절들에 따르면 하나님은 홀로 외롭게 살아가는 우리를 불러 주셨다. 그런데 그 이유가 너무도 감사하다. 하나님께서 우리가 예수님과 사귐, 즉 교제를 갖기 원하셨기 때문이다. 또 다른 곳에서는 이렇게 말한다.

그러나 너희는 택하신 족속이요 왕 같은 제사장들이요 거룩한 나라요 그의 소유가 된 백성이니 이는 너희를 **어두운 데서 불러내어 그의 기이한 빛에 들어가게 하신 이**의 아름다운 덕을 선포하게 하려 하심이라(벧전 2:9).

그분이 우리를 어둠에서 빛으로 불러내셨다. 그리고 우리가 진짜 어떤 존재인지 보여 주셨다. 어두움 속에서 나온 우리가 누구인지 분명하게 드러난다. 앞 구절의 전반절을 쉽게 번역된 성경으로 살펴보자.

"여러분은 하나님께서 선택하신 민족이며 왕의 제사장입니다. 또 거룩한 나라이며, 하나님께서 홀로 다스리는 나라의 백성입니다."[25]

놀랍다. 어둠을 벗고 보니 우리는 그분의 존귀한 제사장이다. 그분의 민족이며 거룩한 나라다. 영적인 눈이 열리면 하나님께서 이런 모습으로 자신을 부르셨고, 지금도 부르고 계신다는 것을 깨달을 수 있다. 내 빈 통장, 내가 살고 있는 작은 집, 병들고 약한 몸, 이런 것들이 내가 아니다. 하나님께서 불러 주신 내가 진짜 나다. 그렇다면 하나님이 나를 불러 주신 목적은 무엇일까? 즉, 그분 앞에서 내가 가져야 할 삶의 목적이 무엇인가.

새로운 시각을 위한 고민

나는 제자훈련이나 성경공부를 인도하면서 "하나님께서 여러분에게 삶을 주신 목적이 뭡니까?"라고 묻곤 한다. 그러면 사람들은 종종 '하나님께 영광 돌리기 위해', '하나님 나라 확장을 위해' 등의 답을 내놓는다. 그런 대답을 들으면 정답이긴 한데 진심과 결단이 담겨 있지 않다고 느껴질 때가 많다. 형식적인 대답으로 들린다.

나는 사람들의 진짜 생각을 알고 싶어서 편한 장소에서 동일한 질문을 던져 본다. 예를 들어 청년들에게 커피를 한 잔 사주면서 편한 분위기가 되었을 때 앞의 질문을 살짝 바꿔서 던져 보는 것이다.

"하나님이 한 번 주신 인생인데 뭐 하면서 살고 싶니?"

그 때 청년들의 솔직한 생각들이 자연스럽게 흘러나온다.

"일단 좋은 데 취직해서 돈 많이 벌어야죠. 그 돈으로 좋은 차 살 겁니다. 그리고 옆에 멋진 짝꿍 태워서 데이트해야죠. 그러다가 때 되면 결혼해서 행복하게 살랍니다."

옆에 있는 다른 청년들에게 물어봐도 조금씩 내용만 바뀌지 비슷한 답이 돌아온다. 한마디로 요약하면 성공하고 싶다는 것이다. 그래서 행복하게 살고 싶다는 말이다. 솔직한 것은 좋다. 정직한 것이 젊음의 힘이기 때문이다. 솔직히 성공을 싫어할 사람이 어디 있겠는가? 하나님께서 한 번 주신 인생인데 누구나 세상에서 잘되고 싶고, 안정을 추구하고 싶고, 행복하게 살고 싶을 것이다.

정직하게 대답했으니 이제 정직하게 생각해 보아야 한다. 정말 인생의 목적이 성공인가? 나는 이 질문에 대해 곰곰이 생각해 본 적이 있다. 처음으로 청년부 사역을 시작했을 때 나는 많은 청년들이 진로 때문에 고민하고 있다는 것을 발견했다. 그래서 진로 때문에 방황하는 청년들을 붙잡고 열심히 기도해 주었다. 진로에 대해 이런저런 조언도 해 주었다. 그랬더니 좋은 결과들이 나오기 시작했다. 어떤 청년들은 도저히 들어갈 수 없다고 생각되었던 대학에 편입을 했다. 좋은 대학원에 들어간 청년들도 있었다. 몇 번 씩이나 낙방했던 회사에 드디어 취업을 했다. 결혼 적령기를 훌쩍 넘어서 결혼을 포기했던 청년들이 좋은 짝을 만나 결혼한 일도 있었다. 완전한 인생의 성공이라 할 수는 없지만 청년들의 입장에서 이 정도면 인생의 한 부분에서 성공을 맛본 것이었다.

그런데 그 이후 벌어지는 일들을 보며 내 가슴이 철렁 내려앉았다. 자신이 원하던 것을 얻었던 청년들의 신앙 생활이 흔들리기 시작하는 것이다. 나는 이유를 물었다. 내가 들은 답은 이런 것들이었다.

"제가 좀 공부하느라 바빠서⋯."
"회사 일이 너무 많아서⋯."
"남편이 교회 가는 것을 싫어해서⋯."

공동체가 함께 금식하며 기도해서 들어간 대학, 대학원, 회사인데 정작 합격 이후 당사자들은 공동체를 소홀히 하거나 아예 교회에 나오지 않았다. 자기가 원했던 형제에 빠져 하나님 아버지를 잊어버리는 자매들이 있었다. 결혼한 청년들의 경우 배우자가 반대한다는 이유로 교회를 떠난 경우도 있었다. 청년부 담당 10년차에 이런 현상들이 벌어지는 것을 경험하며 나는 깊은 고민에 빠지게 되었다.

'이게 무슨 현상이지….'

나는 '뭐 다 그런 거지'라고 쉽게 넘길 수가 없었다. 무엇인가 잘못된 것은 분명히 알겠는데 해결책을 찾을 수가 없었다. 그래서 고민하며 기도했다. 어느 순간 깨달았다. 지금까지 내가 신앙을 가장한 고차원적 세속주의로 청년들을 키우고 있었다는 사실을. 신앙의 중심을 더 잡아 주었어야 했다. 단지 좋은 학교와 직장에 들어갔다고 기뻐만 해 줄 일이 아니었다. 행복한 연애와 결혼이 이루어졌다고 축하만 해 줄 일이 아니었다. 분명한 중심, 즉 성경의 기준을 심어 주었어야 했던 것이다.

성공, 성경의 낯선 단어

나는 과거의 모든 생각을 내려놓고 성경에서 다시 답을 찾기로 했다. 성경에서 인생의 목표와 관련된 성경구절을 일일이 찾아보았다. 중요한 구절에 줄을 치며 그 구절의 핵심이 무엇인지 살펴보았다. 하나님이 우리에게 어떤 삶을 원하시는지 성경을 통해 정직하게 발견하고 싶었기 때문이었다.

나는 먼저 성경이 성공에 대해서 어떻게 이야기하고 있는지 살펴보았다. 그리고 놀라운 사실을 발견하게 되었다. 성경은 세상적인 성공을 추구하며 살라고 우리에게 결코 말하고 있지 않다는 것이다. 이 사실을 어렴풋이는 알고 있었지만 성경을 세밀히 살핀 후 더 정확히 알게 되었다.

어떤 번역본을 가지고 이 주제를 다루느냐에 따라 결과가 조금 다르지만 개역개정 성경을 한 번 살펴보자. 성경 검색 프로그램에 '성공'이라는 단어를 넣고 검색해 보라. 검색 결과 성공이라는 말이 등장하는 구절이 딱 두 군데 있음을 알게 된다.

> 하나님은 교활한 자의 계교를 꺾으사 그들의 손이 성공하지 못하게 하시며(욥 5:12).

> 철 연장이 무디어졌는데도 날을 갈지 아니하면 힘이 더 드느니라 오직 지혜는 성공하기에 유익하니라(전 10:10).

욥기 5장 12절에 나타나는 성공이라는 단어는 욥의 친구 엘리바스의 말에 등장한다. 교활한 자는 결코 성공하지 못할 것이라고 말하고 있다. 부정적인 경고 속에 성공이라는 단어가 쓰였다.

전도서 10장 10절의 말씀은 삶에 꼭 필요한 지혜의 유용성을 말하고 있다. 철 연장이 무디어졌는데 날을 갈지 않으면 일을 할 때 힘이 더 든다는 것을 강조하고 있다. 인생에 지혜가 꼭 필요하다는 것이다. 지혜 없는 삶은 힘이 들고 때론 해를 당하게 된다는 사실을 암시하고 있다. 전도서가 말하는 성공도 세상적 성공이 아니다. 하나님의 지혜로 얻게 되는, 그분 앞에서의 성공을 말한다. 그것은 전도서의 결론처럼 곤고한 날이 이르기 전에 창조주를 기억하고 그분이 원하는 삶을 사는 것이다(전 12:1-8).

살펴본 것처럼 성경에는 성공이라는 단어가 거의 등장하지 않는다. 등장하는 단어도 세상적 성공을 의미하지 않는다. 성공과 유사어인 '형통함'과 '잘됨'도 사용 빈도수가 낮게 나타난다.[26] 또 그런 단어들이 사용된 구절들을 확인해 보면 세상적 성공을 말하고 있지 않다.

분명하다. 성경은 세상적인 성공을 추구하라고 말하고 있지 않다. 그런데 너무나 많은 기독교인들이 세상적인 성공을 바라고 있다.

부르심에 응답, 새로운 시작

뒤돌아보니 청년부 교역자 시절 나도 모르게 청년들을 은근한 세속주의로 몰고 갔던 것 같다. 좋은 학교와 직장에 들어가면 신앙의 축복을 받은 것이니 내가 할 바를 어느 정도 했다고 생각했다. 좋은 사람을 만나고 결혼을 잘하면 인생의 큰 산을 넘은 것이니 무엇인가 더 훈련시킬 필요가 없다고 생각했다.

그런데 성경을 진지하고 세밀하게 살핀 후 내 생각이 비성경적이라는 것을 알았다. 이것을 깨달은 순간 얼마나 가슴이 철렁했는지 모른다. 지난 10년간 나를 믿고 따라온 청년들에게 미안할 뿐이었다.

다행히 나의 부족함에도 불구하고 성숙하게 자라 사회와 교회에서 영향력을 발휘하는 사람들이 많다. 그러나 그것은 나의 부족한 부분을 덮으시고 은혜로 채워 주셨던 하나님의 자비의 결과였다. 분명 내가 바르게 가르치지 못했던 부분이 있었다. 깨닫고 난 후 나는 한 젊은이 집회에서 내 과거의 실수를 솔직히 고백했다. 그 후 젊은이들에게 말씀을 전할 때마다 주저하지 않고 정확하게 말한다.

"여러분, 성공은 성경에서 낯선 단어입니다. 성경의 그 어떤 구절도 여러분에게 세상에서 성공하라고 말하고 있지 않습니다."

그렇다. 성경에서 성공은 낯선 단어다. 성경에 등장하는 하나님의 사람들은 세상의 성공과는 거리가 먼 사람들이었다. 우리 믿음의 선배들도 세상의 성공을 추구하며 살지 않았다. 나는 우리 인생의 목적과 관련된 단어 중 성경이 가장 빈번하게, 강조해서 말하는 것은 무엇인지 살펴보기 시작했다. 그 결과 총 3개의 단어를 발견했다. 바로 거룩, 영혼, 영광이었다. 이 단어를 보는 순간 왠지 모를 감격이 밀려왔다.

'그래, 힘들고 어려워도 우리가 이것을 위해 살아야 해.'

가슴이 뭉클해졌다. 이 책을 읽은 독자도 성경 프로그램에서 이 세 단어를 꼭 검색하기 바란다. 검색 버튼을 누르는 순간 이 단어들이 사용된 구절이 정말 많이 발견될 것이다. 쏟아지듯 검색되는 결과를 보면서 '아, 하나님께서 이런 것을 우리에게 원하셨구나'라고 깨닫게 된다. 한 구절 한 구절을 묵상하면서 우리 인생을 향한 하나님의 간절한 부르심과 소망을 느낄 수 있다.

이 세 단어 중 성경에 가장 많이 등장하는 단어는 '거룩'이다. 하나님은 우리에게 성공이 아니라 거룩을 바라신다. 그 다음으로 많이 등장하는 단어가 '영혼'이다. 하나님은 우리가 세상의 어떤 것을 쌓는 것보다 영혼을 구원하고 섬기길 바라신다. 마지막 단어는 '영광'이다. 하나님은 우리가 자신의 영광이 아닌 하나님의 영광을 위해 살아가기를 바라신다.

거룩, 영혼, 영광, 이 단순하면서도 깊은 삶의 방향이 마음에 와 닿기가 쉽지 않을 것이다. 그러나 우리의 신앙이 자라갈수록 그것들이 우리 삶에 젖어 들 것이다. 어떻게 그것이 가능할까? 우리는 나머지 세 장을 통해 그 방법을 구체적으로 알아보자.

질문 8

옛 옷을 벗어 내고
새 옷을 입었는가?

거룩, 옛 옷을 벗고 새 옷을 입는 것

하나님은 우리에게 세상적인 성공을 바라지 않으신다. 그분은 우리에게 '거룩한 삶'(holy and blameless life)을 바라신다. 바울은 하나님께서 우리를 택하시고 구원해 주신 이유가 우리로 하여금 거룩한 삶을 살게 하기 위해서라고 말한다.

> 곧 창세 전에 그리스도 안에서 우리를 택하사 우리로 사랑 안에서 그 앞에 거룩하고 흠이 없게 하시려고(엡 1:4)

바울은 거룩의 문제를 단순히 태도의 문제로만 보지 않았다. 우리의 실제적인 삶이나 관계에 대해서도 거룩을 적용시켰다. 예를 들어 성경에서는 남편과 아내의 올바른 관계를 설명할 때 아내 사랑하기를 그리스도가 교회를 위하여 자신을 주신 것처럼 해야 한다고 말한다.

> 남편들아 아내 사랑하기를 그리스도께서 교회를 사랑하시고 그 교회를 위하여 자신을 주심같이 하라. 이는 곧 물로 씻어 말씀으로 깨끗하게 하사 거룩하게 하시고, 자기 앞에 영광스러운 교회로 세우사 티나 주름 잡힌 것이나 이런 것들이 없이 **거룩하고 흠이 없게 하려 하심이라**(엡 5:25-27).

바울은 남편이 아내를 사랑해야 하는 것과 그리스도께서 교회를 거룩하게 하신 것을 연결시켰다. 무엇을 말하는가? 그리스도께서 보여주신 거룩의 원리를 우리 삶에 구체적으로 표현해야 한다는 말이다. 바로 가장 가까운 부부 관계에서부터 나타나야 한다. 반복해 말하지만 우리가 세상에서 어떤 성과를 거두고, 얼마나 성공하는가는 하나님께 그렇게 중요한 문제가 아니다. 그것은 우리가 중요하게 생각하고, 우리가 간절히 바라는 것이다. 하나님께서 우리에게 바라시는 것은 우리가 세상에서 성공하든 실패하든 거룩한 삶을 사는 것이다.

그렇다면 거룩한 삶이란 무엇일까? 에베소서뿐 아니라 성경 전체를 관통하는 거룩한 삶의 의미는 하나님 앞에서, 하나님께서 나를 만드신 원래 모습대로 사는 삶이다. 바울은 에베소서 4, 5장에서 우리가 어떻게 거룩한 삶을 살 수 있는지에 대해 구체적으로 말했다. 주로 이것들은 '하지 말라'(do not)의 형태로 주어진다. '거짓을 버리라'(엡 4:25), '죄를 짓지 말라'(엡 4:26), '술 취하거나 음란하지 말라'(엡 5:3, 18) 등 많은 당부를 남겼다.

나는 거룩한 삶을 살기 위해 바울이 제시한 '하지 말아야 할 것들'을 눈여겨본다. 그래야 내 삶을 더럽히는 것들로부터 나 자신을 지킬 수 있기 때문이다. 동시에 나는 바울이 거룩한 삶을 위해 성도가 해야 할 것에 대해 말한 그의 비유적 표현에 주목한다. 재미있다. 그에 따르면 거룩한 삶은 옛 사람을 벗어 버리고(putting off your old self), 새 사람을 입는 것이다(putting on the new self).

> 너희는 유혹의 욕심을 따라 썩어져 가는 구습을 따르는 **옛 사람을 벗어 버리고**, 오직 너희의 심령이 새롭게 되어, 하나님을 따라 의와 진리의 거룩함으로 지으심을 받은 **새 사람을 입으라**(엡 4:22-24).

바울은 우리가 옛 사람에서 새 사람으로 변화되는 과정을 옷을 입고 벗는 행위와 같다고 말했다. 하나님이 우리에게 귀한 생명을 주셨다. 그런데 우리가 욕심과 잘못된 삶의 방식을 따라 살았다. 그래서 옛 사람의 옷을 입게 된 것이다. 옛 사람의 옷을 입으면 썩고 죽어 심판에 이른다. 이 비극을 피할 수 있는 길이 있는데 그것은 옛 사람의 옷을 벗어 버리고 새 사람의 옷을 입는 것이다. 심령이 새롭게 되어 하나님께 속한 의, 진리, 거룩으로 지어진 새 사람의 옷을 입는 것이다.

교묘한 유혹, 치명적 결과

그런데 옛 사람을 벗고 새 사람을 입는 것이 쉽지 않다. 이 과정에서 벌어지는 치열한 영적 전쟁이 있다. 옛 사람의 옷을 벗어 버리려 하지만 그것이 쉽게 벗겨지지 않는다. 옛 사람의 옷은 처음에는 굉장히 매력 있고 짜릿한 쾌락까지 준다. 그것이 22절의 말처럼 '유혹의 욕심', '썩어져 가는 구습'으로 만들어졌기 때문이다.

이렇게 만들어진 옷을 입으면 우리 몸에 착 달라붙는다. 그러면 잠시 후 그 옷 속에서 간질간질한 솜털이 나온다. 세상적 기쁨도 주고 쾌락도 준다. 그러다 그 솜털이 침으로 변해 우리의 몸으로 파고든다. 그 침이 어느새 뿌리가 되어 우리 몸에 자리를 잡는다. 그러면 뿌리로부터 죄가 점점 자라나고 우리의 몸과 영혼이 죽게 되는 것이다. 사태의 심각성을 깨닫고 옛 사람의 옷을 벗어 버리려고 하면 살갗이 뜯겨 나가는 고통을 경험해야 한다. 더욱 심각한 것은 우리가 이런 상황에서 빠져나가지 못하도록 하는 존재가 있다는 것이다. 바로 공중 권세 잡은 자, 곧 마귀다(엡 2:2; 4:27; 6:11).

옛 사람을 벗으려니 고통이 느껴진다. 옆에서 마귀가 온갖 방법으로 옛 사람을 벗지 못하도록 방해한다. 이런 상황에서 누가 옛 사람을 벗고 새로운 삶으로 나올 수 있을까? 우리 힘으로는 도저히 그 옷을 벗을 수가 없다. 그래서 하나님이 당신의 강한 손으로 우리를 끌어당겨 마귀의 손에서 구해 주신 것이다(엡 2:1-5). 그 후 친히 옛 사람의 옷을 벗기시고, 당신의 의와 진리와 거룩으로 만드신 새 사람의 옷을 우리에게 입혀 주셨다.

거룩한 삶은 이렇게 옛 사람의 옷을 벗고 새 사람의 옷을 입을 때 가능한 일이다. 하나님의 은혜로 입게 된 새 사람의 옷을 다시 더럽히지 말자. 다시 내 욕심과 세상의 방식을 따라 살면서 우리의 거룩한 옷을 더럽혀서는 안 된다. 그러나 분명히 우리의 죄 된 본성과 마귀는 우리를 유혹할 것이다. 우리가 벗어 버린 옛 사람의 옷을 다시 입으라고 할 것이다.

은혜를 받았다. 과거를 회개하고 새롭게 살아가겠다고 결심했다. 이제 새 사람의 옷을 입고 열심히 살아가려고 한다. 바로 그때 조용하고도 달콤한 음성이 들린다.

"너무 그렇게 힘들게 살 필요 없어. 오늘 딱 하루만 그 부담스러운 새 옷을 벗고 좀 편하고 가벼운 옛 옷을 입자."

많은 사람들이 이런 유혹에 넘어가 다시 과거의 욕구를 채우기 위해 옛 습관과 방식으로 돌아간다. 그 순간 옛 사람의 옷이 다시 우리를 잡는다. 다시 우리 몸을 조여들고 파고들며 죄로 끌어간다. 다시 우리를 어둠 속으로 데려간다. 명심해야 한다. 우리의 죄 된 본성과 마귀는 언제나 우리가 입은 새 옷을 벗기려 할 것이다. 그것이 너무 소중해 반드시 빼앗고 싶기 때문이다.

옛 사람의 옷을 입은 사람

나는 제자훈련이나 집회를 인도하면서 하나님께서 옛 사람의 옷을 벗겨 내는 것을 종종 보았다. 그것은 참으로 치열하면서도 아름다운 광경이었다.

미국에서 제자훈련을 할 때였다. 제이(Jay, 가명)라는 형제가 내가 인도하는 제자훈련에 들어왔다. 어린 나이 때부터 미국에서 자란 제이는 청소년 때부터 믿음 생활을 했다. 그는 한국 자매와 결혼해 행복한 가정을 이루고 살아가는 것처럼 보였다. 그러나 나중에 안 사실이지만 너무도 벗기기 어려운 썩어질 옛 사람의 옷을 입고 있었다.

미국에서 남자는 3G를 조심하지 않으면 인생을 망친다고 농담처럼 말한다. 남자들이 특별히 조심해야 할 3G는 여자(Girl), 게임(Game), 도박(Gambling)이다. 잘못된 여자 만나거나, 게임에 중독되거나, 도박에 빠지면 남자 인생은 끝나고 마니 조심하라는 것이다.

제이는 첫 번째 G에는 전혀 문제가 없었다. 믿음이 좋고 내조를 잘하는 아내를 만났다. 그런데 그 다음 두 개의 G, 게임과 도박의 문제를 가지고 있었다. 제이는 인터넷 게임에 중독되어 있었다. 한번 시작하면 보통 새벽 3, 4시까지 게임을 했다. 배가 고파지면 그때에야 게임을 멈추고 야식을 먹은 후 잠자리에 들었다. 아침 느지막이 일어나면 간단히 식사를 하고 또 다시 하루 종일 게임을 했다. 제이는 완전히 폐인처럼 되었다. 일주일에 한두 번은 도박을 했다. 자신의 돈은 물론이고 주변 사람들의 돈까지 몰래 썼다. 아내와 부모님의 신용카드까지 도용했다.

 매일 10시간 이상 게임만 하다가 일주일에 한두 번은 도박으로 가진 돈을 날려 버리는 삶, 이것이 당시 제이의 인생이었다. 그런 사람이 제자훈련에 들어왔으니 나는 긴장할 수밖에 없었다. 함께 제자훈련을 받는 남자 집사님들도 당황스러워했다. 제자훈련 동안 집사님들이 제이에게 도박은 나쁜 것이라고, 빨리 끊어야 한다고 여러 번 말했다. 그러면 제이는 이렇게 이야기하곤 했다.

 "집사님들 겜블링(gambling, 도박)을 너무 나쁘게만 생각하지 마세요. TV를 보세요. TV에서 스포츠 게임 방송을 해 주죠. 스포츠가 나쁜 건가요?"

 집사님들은 뭔 소린가 싶어서 얼떨결에 대답했다.

 "스포츠는 당연히 나쁜 게 아니지. 그러니까 TV에서 중계해 주지."

 제이는 씩 웃으며 다시 질문을 던졌다.

"집사님들, TV에서 겜블링도 방송해 줘요. 나쁜 거면 왜 방송해 주겠어요."

"…."

순간 묘한 분위기가 형성되었다. 미국은 스포츠 채널처럼 카지노 현장을 중계방송해 주는 겜블링 채널이 있다. 그래서 사람들이 종종 그 채널을 시청한다. 이런 대화가 오가면 제자훈련의 분위기는 어수선해지곤 했다.

한 번은 제이에게 웃지 못할 전화를 받은 적도 있다. 제이가 제자훈련의 반장 집사님께 전화를 해 이런 기도 부탁을 한 것이다.

"집사님 저 오늘 제자훈련 못가요. 지금 겜블링하러 가는데 저를 위해 기도해 주세요."

이 황당한 전화에 제자훈련생 사이에 의견이 갈라졌다. 어떤 분은 어이없어 하면서 '제이가 돈을 쫄딱 다 잃고 정신 차리도록 기도하자'고 했다. 어떤 분은 '돈을 다 잃는다고 문제가 해결되는 것이 아니다. 그러니 생활비는 놔두고 잃게 기도하자'고 했다. 이렇게 웃지 못할 상황들이 벌어지니 우리는 함께 기도할 수밖에 없었다. 나중에는 금식까지 하면서 하나님께 도와달라고 매달렸다. 그래도 제이를 덮고 있는 옛 사람의 옷이 전혀 벗겨질 기미가 보이지 않았다.

마침내 옛 옷을 벗어 내다

제자훈련이 후반기로 접어들 무렵 나는 제이를 개인적으로 만났다.

"제이, 다음 주에 제자훈련 시간에 성경공부 인도해야 하는 것 알지요? 정해 준 본문 잘 준비해서 인도하세요."

나는 제자훈련의 후반부에 훈련생들이 성경공부를 준비해 인도하는 실습을 편성해 두었다. 그래서 나는 제이에게 아래의 말씀을 준비해서 이끌도록 이야기해 두었다.

> 아내들이여 자기 남편에게 복종하기를 주께 하듯 하라. 이는 남편이 아내의 머리 됨이 그리스도께서 교회의 머리 됨과 같음이니…남편들아 아내 사랑하기를 그리스도께서 교회를 사랑하시고 그 교회를 위하여 자신을 주심 같이 하라(엡 5:22-23, 25).

이 말씀을 준비하면서 제이가 가정에 대해 생각해 보기를 바랐다. 힘들어하는 아내를 좀 돌아보기를 바랐다. 하나님의 도움이 절실히 필요했다. 제자훈련에 참여하는 모든 사람들이 제이를 위해 금식하며 기도했다.

제이는 그런 우리의 마음도 모른 채 한 주간을 변함없이 게임과 도박으로 보냈다. 주일에 있을 제자훈련을 준비하지 않고 토요일 아침 멀리 떨어진 지역 야구 경기에 참여했다. 그런데 경기를 마치고 다시 집으로 돌아오는 오후 이상한 일이 벌어졌다. 차를 운전하고 집으로 오는데 갑자기 제이의 정신이 몽롱해졌다. 그러더니 마음속에 어떤 모습이 떠올랐다. 마치 꿈을 꾸는 것처럼 그 모습이 움직이기 시작했다. 좀 있으니 사람이라는 것을 알 수 있었다. 그 사람이 여기저기 걸어 다니는데 자세히 보니 머리가 없고 몸만 있는 사람이었다. 머리가 없으니 방향을 못 잡고 이리저리 걷다가 계속 부딪히고 넘어져 피를 흘렸다. 겁이 덜컥 나서 정신을 차리고 제이는 하나님께 물었다.

"하나님 제 마음 속에 떠오른 이것이 도대체 뭡니까?"

그때 하나님께서 제이의 마음속에 분명하게 말씀해 주셨다.

"네가 본 것이 바로 너의 가정이다. 남자는 가정의 머리다. 너의 가정에는 머리가 없구나. 네가 머리의 역할을 못하니 가정이 이리저리 흔들리고, 아내는 상처를 입어 피를 흘리고 있는 것이다."

순간 성령의 강한 만지심이 제이에게 일어났다. 자신의 죄를 깨달은 것이다. 하염없이 눈물이 흘러내렸다. 집에 도착하자마자 제이는 아내에게 무릎을 꿇고 용서를 구했다. 부모님에게도 전화를 드려 용서를 구했다. 그의 옛 사람의 옷이 벗겨지는 순간이었다. 제이의 가정은 완전히 회복되었다. 두 사람은 지금 아름다운 가정을 가꾸며 주위의 어려운 가정들을 돕고 있다.

우리의 힘으로 옛 사람의 옷을 벗는다는 것은 불가능한 일이다. 다른 이의 옛 사람의 옷은 더더구나 벗길 수 없다. 우리의 노력도 필요하지만 결정적으로 하나님께서 도와주셔야 한다. 그렇다면 그분께 엎드려야 한다. 그분께 도와달라고 외쳐야 한다. 인간은 할 수 없다. 그러나 하나님은 하실 수 있다. 공동체가 함께 힘을 모아 기도할 때 옛 사람의 옷이 벗겨지기 시작한다. 그리고 하나님이 주시는 새 사람의 옷을 입기 시작한다.

거룩, 빛으로 살아가는 것

거룩은 옛 사람의 옷을 벗어 버리고 새 사람의 옷을 입는 것이다. 동시에 거룩은 하나님께서 원래 지으신 우리의 모습대로 사는 것이다. 하나님은 우리를 선하고 아름답게 창조하셨다. 그분의 눈에 우리는 더할 수 없을 만큼 좋은 존재였다. 그랬던 우리의 모습이 죄로 일그러지고 파괴되었다. 자신을 지으신 하나님을 피해 우리는 어둠으로 숨어들었다. 그런 우리에게 하나님께서 빛 되신 예수님을 보내 주셨다. 그 빛 되신 예수님을 영접하는 것이 구원이다. 빛 되신 예수님처럼 우리도 세상에서 빛으로 살아가는 것이 거룩이다.

너희가 전에는 어둠이더니 이제는 주 안에서 빛이라 빛의 자녀들처럼 행하라(엡 5:8).

거룩한 삶, 빛으로 살아가기 위해서는 내 안에 먼저 주님의 빛이 비춰져야 한다. 커튼을 걷어 내면 빛이 어둔 방을 비추면서 공중에 떠다니는 먼지까지 드러난다. 마찬가지다. 주님의 빛이 우리 인생을 비추면 우리 안에 있는 모든 더러움과 죄악이 다 드러난다. 마귀는 이것을 막기 위해 거짓과 두려움과 속임수라는 커튼으로 우리 인생의 창을 막는다. 그러나 우리는 믿음으로 그것을 걷어 내고 주님의 빛이 내 삶을 비추도록 해야 한다. 그때 우리의 문제가 명확하게 보인다. 주님의 빛에 치유가 일어난다. 치유 받은 우리가 빛으로 살아갈 수 있다.

그가 빛 가운데 계신 것 같이 우리도 빛 가운데 행하면 우리가 서로 사귐이 있고 그 아들 예수의 피가 우리를 모든 죄에서 깨끗하게 하실 것이요(요일 1:7).

수련회를 인도하다 보면 과거의 어둠에서 하나님의 빛으로 나오기 위해 몸부림치는 모습들을 종종 보게 된다. 말씀 시간이 끝나고 기도회가 시작되면 눈물의 기도가 시작된다. 과거의 어둠을 벗어 내기 위해 고투를 벌이는 사람들이 모여 있는 곳은 그야말로 영적 전쟁터가 된다. 미국의 한 청년부 수련회에서 있었던 일이었다. 말씀을 마치고 기도회가 시작되었는데 성령님께서 강하게 임재하셨다. 청년들이 자기의 죄를 고백하며 회개하기 시작했다. 자신의 죄를 생각하면서 신음하듯 기도하는 사람들도 있었다. 과거의 상처에서 벗어나고 싶은데 그것이 쉽지 않아 울부짖으며 기도하는 사람들도 있었다.

그렇게 두 시간이 넘게 진행된 기도 시간은 감사와 찬양으로 바뀌었다. 우리는 죄를 용서해 주신 하나님께 감사를 드렸다. 우리를 어둠에서 빛으로 나오게 하신 하나님께 찬양을 드렸다.

나는 집회를 잘 마치게 해 주신 하나님께 감사를 드리고 숙소로 돌아가기 위해 일어섰다. 그런데 그때 한 남자 청년이 내게 다가왔다. 그는 나를 붙잡고 간절히 도움을 요청했다.

"목사님, 저 좀 도와주세요. 기도해 주세요."

자세히 보니 아까 한쪽에서 울부짖으며 기도하던 청년이었다. 청년은 눈물을 흘리며 내게 자신의 문제를 이야기했다.

"초등학교 때 어떤 형이 제게 포르노를 보여 준 적이 있어요. 그때부터 포르노를 보게 되었습니다. 결국 어린 나이에 포르노 중독에 걸렸어요. 지금 저는 매일 포르노를 보지 않으면 잠자리에 들 수 없을 정도로 심각한 상태입니다."

나는 놀랐다. 청년은 겉으로 보기에는 너무도 모범적인 학생처럼 보였기 때문이었다.

"말씀을 듣고 기도를 시작하는데 하나님께서 제 모습을 마음속에서 보여 주셨어요. 한 남자의 몸 전체에 못이 박혀 있고 그 자리에서 피가 흐르고 있었습니다. 저는 직감적으로 그 남자가 저 자신임을 깨달았습니다. 하나님께서 아름답게 만들어 주신 제 몸에 수없는 정욕의 못들이 박혀 있었습니다."

청년은 지금 왜 자신에게 도움이 필요한지 솔직히 말해 주었다.

"저는 하나님 앞에 울면서 기도했습니다. 잘못했다고, 회복시켜 달라고. 두 시간을 넘게 울면서 기도하니 제 몸에 박힌 못이 빠지는 듯한 느낌이 들었습니다. 그래서 기도를 멈추려고 했는데 다시 마음속에 그림이 떠올랐습니다. 너무 놀랐습니다. 몸의 반은 못이 빠져 있는데 여전히 나머지 반쪽에는 못이 그대로 박혀 있었습니다. 목사님 이제 깨끗해지고 싶습니다. 회복되고 싶습니다. 저 좀 도와주세요."

이미 늦은 시간이었다. 그러나 청년의 상황을 듣고 나니 이대로 숙소로 돌아갈 수는 없었다. 나는 주위에 있던 형제들을 모아 함께 기도하기 시작했다. 우리의 손이 닿자마자 청년은 바닥에 엎드렸다. 청년을 붙잡고 기도하는데 내 눈에서도 동역자들의 눈에서도 눈물이 흘렀다. 간절한 기도가 드려지고 있었다.

한참을 기도하고 청년을 일으켜 세우고 안아주었다. 그의 얼굴을 보았을 때 직감적으로 그가 과거의 어둠에서 벗어났음을 알 수 있었다. 그의 얼굴은 용서받은 감사와 새 삶의 기쁨으로 빛나고 있었다. 나는 그 청년에게 하나님이 치료해 주셨으니 다시는 과거로 돌아가지 않도록 영적으로 깨어 있어야 한다고 말했다. 그리고 성중독 치료프로그램도 받아야 한다고 당부해 두었다. 지금도 그 청년을 생각하면 어둠을 쫓으시고 빛으로 나아오게 하시는 하나님의 은혜가 느껴진다.

지금 이 시간 어둠에서 두려워 떨고 있는 사람들이 있다면 하나님께 기도하라. 묵상이냐 외치는 기도이냐의 형식은 중요하지 않다. 진실함과 갈급함이 기도에 배어 있어야 한다. 그것이면 충분하다.

'하나님, 도와주세요. 어둠 속에서 소중한 인생을 더 이상 허비하고 싶지 않습니다.' 우리의 간절한 기도에 하나님이 움직이신다. 그분이 어둠 속에 있는 우리에게 손을 내미신다. 그 손을 붙잡으면 빛으로 나아올 수 있다.

질문 9

지금 내가 하는 일의 의미를 찾았는가?

바울, 영혼에 미치다

하나님께서 우리에게 첫 번째로 바라시는 것이 거룩한 삶이다. 또 다른 한 가지가 있다. 바로 영혼을 구원하는 삶(soul saving life), 영혼을 섬기는 삶(soul serving life)이다. 구체적으로 말하면 우리는 믿지 않는 사람들에게 복음을 전해 영혼을 구원해야 한다. 이것을 전도, 혹은 선교라고 부른다. 어떤 사람을 전도했다면 그 영혼이 신앙적으로 잘 자랄 수 있도록 섬겨야 한다. 영혼 구원과 섬김, 이것이 우리의 두 번째 삶의 목표이다.

바울은 하나님께서 이방인 전도를 위해 자신을 불러 주셨다는 것을 잘 알고 있었다.

모든 성도 중에 지극히 작은 자보다 더 작은 나에게 이 은혜를 주신 것은 측량할 수 없는 그리스도의 풍성함을 **이방인에게 전하게 하시고**(엡 3:8).

바울은 자신의 삶의 목표인 이방인 전도를 위해 고난받는 것을 두려워하지 않았다. 결국 그는 복음을 전하다가 유대 종교지도자들에 의해 고소를 당했다(행 24:1). 유대 총독 벨릭스는 바울에 대한 판결을 미루고 그를 자주 불러 이야기를 나누었다. 그가 그런 행동을 한 이유는 바울에게 뇌물을 받기 원해서였다(행 24:26). 그러나 바울은 벨릭스에게 그리스도의 도와 의, 진리와 심판에 대해 가감 없이 전했다.

수일 후에 벨릭스가 그 아내 유대 여자 드루실라와 함께 와서 바울을 불러 그리스도 예수 믿는 도를 듣거늘 바울이 의와 절제와 장차 오는 심판을 강론하니 벨릭스가 두려워하여 대답하되 지금은 가라 내가 틈이 있으면 너를 부르리라 하고(행 24:25-26).

이뿐인가? 바울은 유대 왕 아그립바 앞에서도 복음을 거침없이 전했다(행 26:1-23). 그가 아그립바 왕 앞에서 자신의 회심 이야기를 늘어놓고, 예수를 전하려고 하자 새 총독 베스도는 그의 말을 끊고 소리쳤다.

"바울아, 네가 미쳤구나! 네 많은 학식이 너를 미치게 했구나."[27]

그러자 바울은 아니라고 당당하게 외쳤다.

"베스도 각하, 저는 미치지 않았습니다. 제가 드리는 말씀은 사실이며 제정신으로 하는 말입니다."[28]

바울은 위축되지 않았다. 그는 자신의 말을 끊은 베스도의 말을 끊고 아그립바 왕에게 복음을 전하기 시작했다. 그런 바울의 모습이 어처구니 없었는지 아그립바 왕은 비웃으며 다음과 같이 말했다.

"네가 이 짧은 시간에 나를 그리스도의 사람으로 만들 수 있다고 생각하느냐?"[29]

이 정도 분위기가 되었으면 바울은 침묵을 지켰어야 했다. 자신의 목숨을 좌지우지할 수 있는 사람들 앞에서 더 이상 무례하게 행동한다는 것은 극히 위험한 일이었다. 그러나 바울은 우리가 잘 알고 있는 것처럼 영원히 잊혀지지 않을 말을 베스도와 아그립바, 그리고 그곳에 있던 사람들에게 외쳤다.

"짧은 시간이든 긴 시간이든 왕뿐만 아니라 지금 제 말을 듣고 있는 모든 사람들이 이렇게 결박된 것 말고는 저처럼 되기를 하나님께 기도합니다."[30]

바울의 이런 담대한 행동은 죽음을 각오한 행동이었다. 그는 자신이 살아 있는 동안 해야 할 일이 복음을 전하는 것임을 분명히 알았기 때문에 사람을 두려워하지 않았다. 그는 로마로 압송되는 과정 중에서도, 로마에 도착해서도 전도를 쉬지 않았다. 그는 로마에서 감금당하는 처지가 되었지만 그의 전도에 대한 열정은 끝까지 식지 않았다. 우리는 그 사실을 에베소서 마지막에 나타나고 있는 바울의 기도 요청을 통해 느낄 수 있다.

> 또 나를 위하여 구할 것은 내게 말씀을 주사 나로 입을 열어 복음의 비밀을 담대히 알리게 하옵소서 할 것이니 이 일을 위하여 내가 쇠사슬에 매인 사신이 된 것은 나로 이 일에 당연히 할 말을 담대히 하게 하려 하심이라(엡 6:19-20).

베스도의 말이 맞다. 바울은 미쳤다. 그러나 학문이 아닌 영혼에 미쳤다. 그래서 영혼을 구원하는 일에 자신의 모든 삶을 던졌던 것이다. 바울은 그렇게 영혼을 품고 미친 듯이 하나님 나라를 향해 달려간 멋진 사람이었다.

> 내가 달려갈 길과 주 예수께 받은 사명 곧 하나님의 은혜의 복음을 증언하는 일을 마치려 함에는 나의 생명조차 조금도 귀한 것으로 여기지 아니하노라(행 20:24).

까다롭지만 중요한 질문

우리가 어떤 일을 할 때 그것이 영혼을 구원하거나 섬기는 일에 전혀 관련이 없다면 하나님 앞에 의미 없는 일일 확률이 크다. 이상하게 들리지만 사실이다.

좀 더 구체적으로 이야기해 보자. 우리의 직업과 전공, 그리고 지금 내가 너무도 좋아해서 시간과 에너지를 쏟고 있는 일이 있다. 그런데 그것이 전도와 영혼 섬김에 관련이 없다면 내가 원해서 하는 것이지 하나님께 영광을 돌리기 위해 하는 것이 아닌 것이다. 이것을 받아들이고 영적으로 소화하는 데 시간이 걸린다. 그러나 일단 이 사실을 깨닫게 되면 삶의 선택과 행동이 달라진다. 몇 가지 예를 통해 생각해 보자.

한번은 내게 제자훈련을 받았던 청년이 기쁜 소식을 전해 왔다. 결혼하고 싶은 사람이 생겨서 그 형제를 꼭 내게 인사 시켜 주고 싶다고 했다. 나는 두 사람을 만나기 위해 정해진 약속 장소로 나갔다. 한눈에 보기에도 훌륭해 보이는 형제였다. 인상이 참 좋았다. 또한 실력 있는 투자전문가로서 사회에서도 인정받고 있었다. 좋은 남편감을 만난 것 같았다. 하지만 내 관심은 그런 외적인 것에 있지 않았다. 나는 이런저런 사적인 이야기를 나누다가 내가 궁금하게 생각하는 것을 형제에게 물어보았다.

"참 멋진 일을 하시네요. 그런데 지금 하시는 투자 직업이 어떻게 영혼을 섬기고 복음을 전하는 일로 연결될 수 있을까요?"

나의 갑작스러운 질문에 형제는 좀 당황하는 눈치였다. 그러나 곧 차분히 내게 대답했다.

"솔직히 투자라는 제 일을 가지고 직접적으로 복음을 전하거나 영혼을 섬기기가 쉽지는 않습니다. 투자할 곳을 결정할 때 전문성의 기준을 가지고 분명히 이윤을 창출할 수 있는 곳들을 선택합니다. 그러나 열 개 중에 하나나 둘 정도는 가능성 있는 중소기업이나 어려운 지역과 관련된 교육 사업 등을 선택합니다."

나는 고개를 끄덕였다. 형제는 계속 말을 이어갔다.

"제가 그렇게 결정하고 투자가 결정된 중소기업이나 교육 사업의 관계자분들을 만나면 너무들 고마워합니다. 그분들이 종종 어떻게 이런 귀한 결정을 내려 주셨냐고 제게 물을 때가 있습니다. 그럼 저는 짧게 한마디만 합니다. '저는 크리스천입니다.'"

마음에 감동이 밀려왔다. 형제는 정말 멋진 사람이었다. 자신의 일과 복음을 전하는 사명을 정직하고 지혜롭게 연결시켜 나가려고 노력하는 형제였다. 나는 두 사람의 만남을 진심으로 축하해 주었다. 두 사람은 가정을 이루고 지금도 열심히 주님을 위해 살아가고 있다.

고민하면 길이 열린다

보스턴에서 내게 부부 제자훈련을 받았던 한 집사님이 내게 이런 질문을 했다.

"제 전공이 통계인 것 아시죠? 제 전공과 목사님이 강조하시는 복음을 전하는 삶, 혹은 영혼을 섬기는 삶과 어떻게 연결이 될 수 있을까요?"

나도 그분의 질문에 적절한 답을 줄 수가 없었다. 통계와 복음 전파. 통계와 영혼 섬김…. 연관성을 찾는 것이 쉽지 않아 보였다. 내게 질문을 한 집사님은 정말 똑똑한 분이셨다. 서울대 통계학과를 졸업한 후 하버드대학에서 석박사 통합과정을 짧은 시간에 끝내셨다. 그 집사님도 나도 그 질문에 대한 답을 찾기 위해 고민해 보았지만 답이 쉽게 나지 않았다.

집사님은 졸업 후 보스턴 근교에 위치한 한 대학에서 교수 생활을 시작하셨다. 그분은 자신이 크리스천임을 밝히면서 강의와 연구로 바쁜 와중에도 학생들에게 기꺼이 시간을 내주셨다. 정겨운 웃음과 따뜻한 마음으로 그들의 친구가 되어 주었다. 겸손한 섬김으로써 복음을 전하고 영혼을 섬기는 일에 참여했다. 시간이 흘러 집사님은 뉴욕에 있는 한 대학으로 교수 자리를 옮기셨다.

몇 년 후 나는 집사님을 만났을 때 자신의 전공과 복음을 전하고 영혼을 섬기는 삶의 연결점을 찾았냐고 물었다. 집사님은 여전히 직접적인 연관성을 찾지 못했다고 했다. 그러면서 계속 고민하며 최근 자기가 시도하고 있는 방법 중 하나를 이야기해 주었다.

"제가 교수를 하면서 선택할 수 있는 여러 통계 관련 프로젝트들이 많습니다. 어떤 프로젝트를 잡느냐에 따라 얼마나 수고를 해야 하는지가 결정됩니다. 뿐만 아니라 연구비도 차이가 납니다. 저는 종종 제가 좀 힘들어도 어려운 나라의 기아 현황, 이재민 피해 현황, 소외 계층 관련 연구를 선택합니다."

나는 너무 기뻤다. 집사님은 자기의 전공과 영혼 구원 및 섬김의 직접적인 관련성은 찾지 못했다. 그러나 간접적으로 충분히 영혼을 섬기고 있었다. 쉽지 않은 질문에 계속 답을 찾아가고 있는 집사님이 자랑스러웠다. 나는 기쁜 마음으로 말했다.

"오, 집사님 좋네요. 어느 정도 답을 찾으신 것 같네요."

나는 확신한다. 포기하지 않고 진지하게 우리 삶에서 어떻게 복음을 전하고 영혼을 섬길지를 고민하면 답을 찾을 수 있다. 시간이 걸려도 반드시 자기에게 적합한 답을 찾을 수 있다.

다시 무릎을 꿇다

영혼을 구원하고 섬기기 위해 반드시 선교를 떠나야 하는 것은 아니다. 단기 선교든 장기 선교든 내 일상을 내려놓고 선교를 가 보는 것이 필요하다. 그러나 지금 내가 서 있는 삶의 현장에서 선교적 삶(misssional life)을 사는 것이 더 필요하다. 앞에서 살펴본 것처럼 나의 전공, 직업, 섬김 등을 통해 우리가 만나는 사람들에게 직간접적으로 복음을 전하고 그들의 영혼이 성장하도록 수고해야 한다.

복음을 전하고 영혼을 섬기기 위한 구체적인 행동과 더불어 중요한 것이 또 있다. 이것은 우리의 나이, 전공, 직업과 관련 없이 누구나 할 수 있는 것이다. 에베소서는 이것을 기도라고 말한다.

에베소서를 자세히 살펴보면 구석구석에 기도라는 보석이 빛나고 있다. 에베소서의 주석을 쓴 존 스토트(John Stott)는 다음과 같이 말했다.

"에베소서는 중보의 책이다. 그것은 신약의 어떤 서신보다 기도의 특성과 형태를 지니고 있다."[31]

존 스토트의 말에 전적으로 동의한다. 에베소서에는 크게 두 번 바울의 기도가 등장한다. 모두가 영혼의 변화를 위해 바울이 간절히 드렸던 기도다.

바울의 첫 기도는 1장 15-19절이다. 그는 성도들이 그리스도 안에서 받은 하늘의 신령한 복에 대해서 1장 3-14절에서 찬송의 형태로 가르쳤다. 1장 20절에서부터는 성도들에게 본격적으로 그리스도의 놀라운 구속 사역에 대해서 강론했다. 그런데 그 중간에 기도를 했다.

그 이유는 간단하다. 자신이 아무리 진리의 말씀을 열정적으로 가르쳐도 하나님께서 도와주셔야 성도들이 깨달을 수 있다는 것을 잘 알고 있었기 때문이다. 인간의 노력, 열정만으로는 안 된다는 것을 알고 있었다. 그래서 양들을 위해 하나님께서 도와 달라고 간절히 기도했던 것이다.

바울은 자신의 첫 기도를 마치고, 1장 20절부터 3장 13절에서 깊은 영적 진리를 풀어냈다. 그의 탁월한 지식이 만들어 낸 신학적 보배였다. 그런데 바울은 4장으로 넘어가기 전에 자신의 가르침을 멈추고 또 기도했다. 자신이 가르친 진리를 성도들이 잘 받아들여 성장할 수 있도록 기도한 것이다. 이 기도가 3장 14-21절에 나온 바울의 두 번째 기도다. 그런데 이번에 바울은 처음 기도보다 더 간절하게 무릎을 꿇고 기도했다.

> 이러므로 내가 하늘과 땅에 있는 각 족속에게 이름을 주신 아버지 앞에 무릎을 꿇고 비노니(엡 3:14-15).

유대인들은 주로 서서 기도한다(마 11:25, 눅 18:11, 13). 그런데 지금 바울은 하나님께 무릎을 꿇고 기도했다. 그만큼 간절했기 때문이다. 바울은 자신이 구원의 놀라운 진리를 최선을 다해 가르쳤지만, 그것이 성도들에게 흡수되고 변화로 나타나기 위해서는 하나님의 도움이 반드시 필요하다는 것을 알고 있었다. 지식만 가지고, 가르친 것만 가지고 영혼을 변화시킬 수 없다. 그래서 바울처럼 무릎을 꿇어야 하는 것이다.

기도, 영혼 구원과 변화의 시작

감금된 상태에서 아버지를 부르며 무릎을 꿇고 기도하는 바울을 생각하면 가슴이 뭉클해진다. 영혼을 사랑했던 사도 바울의 마음이 느껴지기 때문이다. 목회자들이라면 이것이 어떤 마음인지 잘 알 것이다. 최선을 다해 설교를 준비를 한다. 성경에 있는 내용을 혼잡하게 하지 않고 원래의 뜻대로 잘 전하려고 한다. 예를 들어 '우리도 예수님처럼 우리에게 맡겨진 십자가를 지고 가야 한다'고 설교하려 한다고 가정해 보자. 그런데 성도들이 이 메시지를 머리로만 이해하고 가슴으로 받아들일 것 같지 않다. 그럴 때 목회자는 무릎을 꿇는다. 진짜 목회자라면 그렇게 한다. 간절히 기도한다. 하나님이 도와주시지 않으면 성경의 진리가 성도들의 마음과 삶으로 파고들 수 없기 때문이다.

바울의 위대함은 기도에서 나온다. 사도 바울은 그의 마지막 생의 시기에 로마에서 죄수로 갇혔다. 추위 속에서 따뜻한 옷 한 벌 살 수 없는 처지가 되었다(딤후 4:13). 그는 병 때문에 마지막까지 고생했다. 그러나 결코 기도를 멈추지 않았다. 숨이 멈추는 마지막까지 자신에게 맡겨 주신 영혼을 위해 기도했다. 그런 그를 우리는 위대한 지도자로 기억하고 있다.

지도자는 기도자다. 기도하지 않는 지도자는 가짜다. 기도하지 않으면 영혼을 구원하고 변화시키는 하나님의 역사가 일어나지 않는다. 기도하지 않고 이루어진 역사는 사라지는 안개와 같다. 흉내에 불과한 것이다.

성경 공부와 같은 소그룹을 이끌면서 변하지 않을 것 같은 사람을 가르쳐 본 적이 있는가? 내가 전임사역자로 청년사역을 시작했을 때였다. 내게 대학부를 맡기고 떠나시는 목사님이 인수인계를 하면서 범상치 않는 이야기를 남겼다.

"지금까지 제가 어떻게 사역을 했었는지 거의 말씀드렸습니다. 자, 이제 남은 것은 제자훈련에 관한 것이네요."

목사님은 그동안 활발하게 말씀하신 것과는 좀 다른 스타일로 천천히, 조심스럽게 이야기를 꺼내셨다.

"대학부 안에 몇 개의 제자훈련반이 있습니다. 제자훈련을 이끄시면서 보람도 느끼고 좋으실 겁니다. 그런데 한 제자훈련반이 좀 어려울 겁니다."

나는 분위기가 심상치 않아서 그 이유를 물어보았다.

"무슨 특별한 이유가 있습니까?"

목사님은 솔직하게 이야기를 해 주셨다.

"사역을 시작한 후에 곧 만나 보면 아시겠지만 그 제자훈련반에 좀 어둡고 엉뚱한 애들이 많습니다. 저는 올해 그 아이들을 제자훈련 시키면서 마음이 어려울 때가 많았습니다. 그래서 제가 그 제자훈련반 이름을 장난삼아 '좀비 제자반'이라고 부르고 있습니다."
"좀비 제자반이요?"
"네, 그 제자반 하시면서 좀 힘드실 텐데요, 그래도 잘 이겨 나가시길 바랍니다."

그때는 몰랐다. 내가 그 제자훈련반 때문에 얼마나 많은 에너지를 쓰게 될 줄을. 제자훈련을 마치고 나오면 종종 영적 탈진 상태가 되고, 좀비 같은 아이들 걱정에 잠들지 못하고 뒤척일 줄을.

아직 포기하지 마라

사역을 시작하고 전임 교역자가 맡했던 그 제자훈련반에 들어갔다. 그리고 왜 그 제자반을 좀비 제자반이라고 했는지 금방 알 수 있었다. 참석한 훈련생들은 제자훈련 내내 아무런 반응이 없었다. 좀비가 따로 없었다. 훈련 시간 동안 어떤 학생은 딴 곳을 바라봤다. 어떤 학생은 뭔가 열심히 필기하는 줄 알았더니 그림을 그리고 있었다.

특히 늘 자던 경현(가명)이라는 학생이 있었다. 경현이는 제자훈련이 시작되면 졸기 시작했다. 처음에는 왼쪽으로 고개를 기울이고 졸았다. 그러다가 어느 순간 목이 아팠는지 오른쪽으로 고개를 기울이고 잠을 청했다. 어느 정도 시간이 지나면 아예 고개를 뒤로 젖히고 잤다. 나머지 학생들도 질문을 던지면 짧게 대답하고 그냥 멍하게 있었다.

좀비 제자훈련반을 마치고 나오면 기운이 쭉 빠졌다. '이 애들이 도대체 왜 이런가' 하는 생각에 잠도 잘 안 왔다. 나중에 안 사실이지만 그 제자훈련반 학생들 중 적지 않은 수가 부모가 유학을 하는 동안 외국에서 살다가 온 아이들이었다. 부모가 공부를 마치자 한국으로 귀국했다. 어렸을 때 외국에 있다 한국에 오니 정체성의 혼란을 겪었다. 자라면서 극심한 사춘기도 겪었다. 대학에 입학해서는 권위주의적인 한국 문화에 반감도 갖게 되었다. 이들은 어려서부터 부모를 따라 교회를 다녔지만 신앙도 깊지 않았다. 이런 상태로 제자훈련에 들어와 있으니 담당 교역자가 힘들 수밖에 없었다.

나는 기도할 수밖에 없었다. 아무리 말씀을 철저하게 준비해서 가르쳐도 계속 겉돌기만 하는 훈련생들을 위해 기도할 수밖에 없었다. 잠자리에 들기 전에, 새벽에 그 제자훈련반을 위해 기도했다. 그러나 결국 별 변화 없이 제자훈련이 끝났다. 안타까운 내 기도는 그렇게 땅에 떨어지는 것 같았다.

얼마 후에 제자훈련 중에 늘 잠을 잤던 경현이가 군에 입대했다. 나도 몇 년 후 사역을 마무리하고 유학을 갔다. 유학 중에 나는 개인적인 일 때문에 몇 번 한국에 잠시 나왔다. 한번은 내가 사역했던 대학부 학생들이 소식을 듣고 내가 묵고 있는 숙소로 찾아왔다. 내가 말만 하면 졸았던 경현이도 군복무를 마친 상태였는데 모임 소식을 듣고 함께 왔다. 반가운 마음에 이런 저런 이야기를 함께 나누었다. 모임이 끝나갈 때 즈음 내가 짧게 당부의 말을 시작했다. 늘 그랬듯 경현이가 곧 잠에 빠져들 것이라 생각했다. 그런데 신기하게 경현이는 한 번도 졸지 않고 내 이야기를 계속 경청했다. 중요한 것을 이야기할 때는 적기까지 했다. 모임이 끝나고 나는 경현이에게 물었다.

"경현아, 너 옛날에 내가 이야기하면 늘 졸았는데 오늘은 전혀 안 졸던데?"
"네, 그땐 좀 그랬죠."
"그런데 오늘은 왜 안 졸았냐?"

멋쩍게 웃으면서 경현이가 내게 말했다.

"군에 있을 때 죽을 뻔한 적이 있었어요. 함께 군 생활하던 친구들이 많이 죽었습니다. 저는 다행히 살았는데, 그 때 저를 위해 기도해 주신 분들 덕분이라는 것을 깨달았습니다."

경현이가 군에 있을 때 내무실에서 총기 난사 사건이 있었다. 한 때 세상을 떠들썩하게 했던 그 현장에 있었던 것이다. 총알이 쏟아질 때 경현이는 '이제 죽는구나'라는 생각이 들었다고 했다. 다급한 마음에 속으로 기도하며 내무실 구석에 숨었다. 한바탕 벌어진 총알 세례에 동료들이 쓰러졌지만 경현이는 기적적으로 목숨을 구할 수 있었다고 했다.

"하나님의 은혜로 살았습니다. 그때 깨달았습니다. 내 목숨이 하나님께 달렸구나. 그분이 나를 살려 주셨구나. 내가 이런 은혜를 받은 것은 나를 위해 기도해 주신 분들 덕분이구나."

자신의 이야기에 놀라 눈을 크게 뜬 나를 보며 경현이가 말했다.

"목사님, 저 때문에 많이 힘드셨죠. 기도해 주셔서 고맙습니다."
"…."
"천안에 일이 있어 갔었는데 목사님 오셨다고 해서 서울로 올라왔어요. 이거 좀 드세요."

경현이가 건넨 것은 호두과자였다. 만감이 교차했다. 내가 뭔가 가르치면 졸기만 하고 한 번도 내게 고마움을 표현한 적이 없었다. 내가 기도한다고 말하면 부담스러워했던 경현이었다. 나는 도대체 경현이가 이해가 가지 않았었다. 이해가 안가고 때로 싫기도 했다. 그래도 끝까지 품고 변화시켜 보려고 아침저녁으로 기도했다. 그러나 변화가 없었다. 나는 내 기도가 헛된 외침이 되었다고 생각했다. 그런데 시간이 지나고 어떤 순간 나도 모르는 사이에 하나님이 역사하신 것이다.

"목사님, 건강하세요. 또 뵙겠습니다."

경현이의 인사를 받고 집으로 돌아오는 길 내내 회개와 감사의 마음이 들었다.

'하나님, 죄송합니다. 저는 저의 기도가 이루어지지 않았다고 생각했습니다. 어느 순간 포기하고 기도했던 것도 잊었습니다. 그런데 하나님은 제 기도를 잊지 않으셨습니다. 경현이에게 역사하시고 변화시켜 주셨습니다. 감사합니다. 저의 믿음 없음을 부끄럽게 하시니 너무나 감사합니다."

그 때 나는 다시 한 번 경험했다. 기도할 때 영혼이 거듭난다. 영혼이 변화된다. 우리가 기도할 때 하나님이 역사하신다. 지금 힘겹게 영혼을 위해 고투하고 있는 사람이 있다면 조금만 더 힘을 내자. 끝까지 품고 기도하자. 아직 포기할 때가 아니다.

질문 10

인생 끝날까지 추구해야 할 것은 무엇인가?

그분께 영광을 돌리는 두 가지 길

우리를 죽음에서 생명으로, 어둠에서 빛으로 불러 주신 하나님이 우리에게 원하시는 것이 있다. 이미 두 가지를 살펴보았다. 첫째가 거룩한 삶이다. 둘째가 영혼을 구원하고 섬기는 삶이다. 그리고 마지막 하나가 더 남아 있다. 바로 하나님께 영광을 돌리는 삶(glorifying God in everyday life)이다.

바울은 에베소서에서 하나님이 우리를 구원해 주신 것에 대해 설명한 뒤 항상 그 이유를 '우리가 그분을 찬송하게 하기 위함'이라고 상소했다. 우리를 구원해 주신 하나님께서 영광받기 원하신다는 것을 지속적으로 강조한 것이다.

이는 그가 사랑하시는 자 안에서 우리에게 거저 주시는 바 그의 은혜의 영광을 찬송하게 하려는 것이라(엡 1:6).

이는 우리가 그리스도 안에서 전부터 바라던 그의 영광의 찬송이 되게 하려 하심이라(엡 1:12).

이는 우리 기업의 보증이 되사 그 얻으신 것을 속량하시고 그의 영광을 찬송하게 하려 하심이라. 시와 찬송과 신령한 노래들로 서로 화답하며 너희의 마음으로 주께 노래하며 찬송하며(엡 1:14).

하나님은 참 고마운 분이시다. 우리를 구원해 주신 그분이 우리에게 어떤 큰 대가를 바라시지 않으신다. 하나님은 그저 우리가 온 마음을 다해 당신의 하신 일을 찬송하며, 진심으로 당신께 영광을 돌리기만을 원하신다. 하나님을 찬송하며 그분께 영광을 돌리는 공동체적 영적 행동이 바로 예배다. 그렇다. 하나님께 예배를 드리는 것이 바로 그분께 영광을 돌리는 가장 중요한 방법 중 하나다. 그러니 우리 삶의 중심이 예배가 되어야 한다. 그래야 우리가 그분께 영광을 돌리는 삶을 살 수 있다.

하나님을 위해 산다고 하면서 예배를 소홀히 할 수 없다. 그분께 영광을 돌린다고 하면서 예배를 뒷전으로 미루는 것은 스스로 영적 기만에 빠지는 것이다. 그 어떤 것보다 예배는 소중하다. 우리가 하나님께 영광 돌리는 삶을 살기 위해 예배에 목숨을 걸어야 한다. 어떤 상황 가운데서도 예배를 놓쳐서는 안 된다. 질주하듯 달려가는 일상 속에서도 때가 되면 모든 것을 내려놓고 하나님을 예배하는 자리로 나와야 한다. 진실한 마음으로 감사의 찬양을 올려드리며 그분께 영광을 돌려야 한다. 그것이 우리의 창조자요 아버지 되신 그분께 영광을 올려드리는 가장 기본적이고도 중요한 길이다.

하나 더 기억해야 할 것이 있다. 우리는 예배뿐만 아니라 우리의 삶을 통해서도 하나님께 영광을 돌려야 한다. 예수님은 이 점을 제자들에게 분명하게 말씀하셨다.

> 이같이 너희 빛이 사람 앞에 비치게 하여 그들로 너희 착한 행실을 보고 하늘에 계신 너희 아버지께 영광을 돌리게 하라(마 5:16).

바울 또한 동일한 내용을 우리에게 가르친다.

> 우리는 그가 만드신 바라 그리스도 예수 안에서 선한 일을 위하여 지으심을 받은 자니 이 일은 하나님이 전에 예비하사 우리로 그 가운데서 행하게 하려 하심이니라(엡 2:10).

우리는 평생 동안 하나님을 높임으로써 그분의 은혜에 반응해야 한다. 우리는 이것을 하나님께 영광을 돌리는 삶이라고 부른다. 이런 삶을 너무 추상적으로 생각하지 말라. 위에서 살펴본 에베소서의 두 구절이 명확하게 말해 준다. 그분을 높일 수 있는 가장 중요한 길이 예배다. 예배를 놓치지 말아야 한다. 예배가 무너지면 그분께 드리려고 했던 다른 모든 것들도 무너지고 만다. 예배를 붙잡으라. 그 예배를 통해 하나님께서 영광을 받을 것이다.

예배와 더불어 우리의 삶으로도 하나님께 영광을 돌려야 한다. 우리가 그분을 날마다 닮아가면서 선한 삶을 살아갈 때 하나님께서는 우리 삶 속에서 영광을 받으신다. 우리가 삶으로 하나님께 영광을 돌리기 위해서는 무엇보다 거룩한 모습으로 살아야 한다. 이런 삶에 대해서는 앞에서 이미 살펴보았다. 이제부터 살펴보아야 할 것은 우리의 은사를 가지고 하나님께 영광을 돌려야 한다는 점이다. 많은 사람들이 우리 삶에서 자신의 은사(gift)를 사용해야 하나님께 영광을 돌릴 수 있다는 사실을 모르고 있다.

우리의 은사로 영광을 돌리라

삶으로 그분께 영광을 돌리고 싶다면 그분이 여러분에게 주신 은사(gift)가 무엇인지 먼저 발견하라. 여러분의 은사를 사용해 그것을 주신 하나님께 영광을 돌리라. 이제 에베소서에서 은사가 어떤 분위기에서, 어떤 방법으로 소개되고 있는지 살펴보자.

이미 살펴본 것처럼 바울은 우리에게 하나 됨을 힘써 지키라고 당부했다(엡 4:3-6). 그런데 하나 됨, 일치를 강조하던 바울이 7절에서 갑자기 은사에 대해 이야기한다.

우리 각 사람에게 그리스도의 선물의 분량대로 은혜를 주셨나니(엡 4:7).

먼저 은사라는 주제가 나오게 된 전 문맥을 보자. 7절의 헬라어 원문에는 있는데 우리말 개역개정 성경에는 빠진 말이 있다. 헬라어 접속사 **데**이다. 이 단어는 우리말로 '그러나', 영어에서는 'but'으로 주로 번역된다.[32] 이 단어를 넣어서 번역한 우리말 성경을 잠시 살펴보자.

그러나 하나님께서는 우리 각 사람에게, 그리스도께서 나누어 주시는 선물의 분량을 따라서, 은혜를 주셨습니다.[33]

바울이 말하고 있는 전체적인 흐름을 살펴보자. 바울은 먼저 우리가 하나님의 부르심에 합당하게 행해야 한다는 점을 강조한다.

너희가 부르심을 받은 일에 합당하게 행하여(엡 4:1).

그렇게 되기 위한 전제로 성도는 하나 됨을 힘써 지켜야 한다.

성령이 하나 되게 하신 것을 힘써 지키라(엡 4:3).

그러나 부르심에 합당하기 위해서는 하나 됨을 힘써 지킴과 동시에 다양한 은사를 사용해야 한다. 그러니 이것을 다양한 은사를 주신 것을 깨달아야 한다.

그러나 우리 각 사람에게 그리스도의 **선물**의 분량대로 은혜를 주셨나니(엡 4:11).[34]

11절의 '그리스도의 선물'이라는 표현을 주목하라. '선물'은 헬라어 **도레아스**를 번역한 것이다. 영어 성경은 대부분 이 단어를 'gift'로 번역했다.[35]

우리말로는 선물보다는 은사나 재능으로 번역하는 것이 좋을 것 같다. 이 구절을 좀 더 쉽게 번역한 것을 참고해 보자.

그리스도께서는 우리 각자에게 특별한 재능을 주셨습니다. 그리스도께서 나눠 주신 은혜대로 우리 모두는 선물을 받은 것입니다.[36]

그리스도 안에서 우리는 하나지만 하나인 우리 안에 나타난 은사, 재능은 다양하다. 우리의 삶에서 이 다양한 은사를 사용할 때 하나님께 영광을 돌릴 수 있다.

다양한 은사, 무시된 은사

하나 된 공동체에 다양한 은사가 나타난다고 바울은 말했다. 바울이 사역하던 시대에 교회 안에는 다양한 은사에 따라 다양한 직분이 있었다.

> 그가 어떤 사람은 사도로, 어떤 사람은 선지자로, 어떤 사람은 복음 전하는 자로, 어떤 사람은 목사와 교사로 삼으셨으니 (엡 4:11).

바울 당시 각 사람의 은사에 따라 사도, 선지자, 복음 전하는 자, 목사와 교사의 역할이 있었다. 이들은 자신의 은사를 사용해서 성도를 온전하게 하며, 그리스도의 몸을 세우고, 그 결과 그리스도의 장성한 분량으로 성장해 하나님께 영광을 돌렸다 (엡 4:12-13).

본문을 자세히 보면 바울이 있던 시대에만 있었던 직분도 있다. 사도, 선지자이다. 그리고 아직 유지되는 직분도 있다. 복음 전하는 자, 목사와 교사이다. 결과적으로 볼 때 하나님은 교회를 세우고, 복음을 전하며 하나님께 영광을 돌리도록 필요한 직분을 위해 다양한 은사를 늘 성도들에게 주신다. 그렇다면 우리도 우리의 은사가 무엇인지 진지하게 생각해 보아야 한다.

은사는 다양하다. 절대 획일적이지 않다. 그래서 주의 깊게 관찰하고 지속적으로 노력해 발견해야 하는 것이다. 은사 발견의 책임은 무엇보다도 자기 자신에게 있다. 그 다음은 부모에게 있다. 자녀가 자신의 은사를 찾도록 부모가 도와야 한다. 그 다음은 청소년들의 진로를 지도하는 교사나 젊은이들을 가르치고 있는 교수에게 있다.

그러나 현실은 안타깝기만 한다. 많은 사람들이 자신이 누구인지조차 몰라서 방황한다. 그러니 하나님이 자신에게 무슨 은사를 주셨는지 당연히 모른다. 부모들은 자녀들에 대해 너무 욕심이 많거나 반대로 너무 바빠서 자녀들의 은사 발견에 도움을 못 준다. 아이가 어떤 분야에 은사나 재능이 없는데도 부모 욕심 때문에 자꾸 강요한다. 반면 어떤 부모는 너무 바빠서 자녀들이 어떤 은사를 가졌는지에 대해 아예 관심조차 없다. 교사와 교수도 너무 바쁘게 학교 일에 쫓기다보니 학생들의 은사를 개발하는 일에 소홀히 할 때가 많다. 당신을 가르쳤던 교사나 교수 가운데 당신의 은사에 대해 진지하게 상담해 주거나 진로를 찾도록 구체적으로 도와주었던 분들이 얼마나 있었는가? 우리나라 교육의 현실이 안타깝게만 느껴지는 것은 나만의 우려일까.

공동체가 함께 은사를 찾아야 한다

하나님은 모든 사람에게 적절한 은사를 주셨다. 그런데 우리 부모, 우리의 선생님들, 심지어 자신조차 은사에 대해 관심을 갖지 않을 때가 너무 많다. 그러니 당연히 자신의 은사를 발견하지 못하는 경우가 많다. 은사를 사용하지 않으니 세상에서 승리하기 어렵다. 그러니 하나님께 영광을 돌리기보다 생존하기에 급급하다. 너무 많은 성도들이 자신의 은사를 땅에 묻어 버린다. 현실이 이런데 우리는 어떻게 해야 할까?

먼저 우리 스스로가 은사 발견의 중요성을 깨닫고 그것의 발견을 위해 구체적으로 노력해야 한다. 하나님은 우리 모두에게 은사를 주셨다. 그러니 각 개인이 노력해 그것을 찾아야 한다. 동시에 은사 발견을 위한 공동체 전체의 노력이 꼭 필요하다. 공동체가 힘을 합쳐 서로의 은사를 발견할 수 있도록 도와주어야 한다는 뜻이다.

평범한 공동체는 캐치프레이즈 수준에 머문다. "복음으로 세상을 변화시켜라!", "내 인생을 하나님께!"와 같은 구호를 함께 외친다. 그런데 막상 그 방법이 구체적으로 무엇이냐고 물으면 모른다고 대답한다. 반면 좋은 공동체는 각 구성원이 어떤 은사를 가졌는지 세밀하게 살핀다. 그것을 바탕으로 구체적인 전공과 직업을 찾을 수 있도록 실제적으로 도와준다.

청년부 사역을 처음 시작할 때 있었던 일이었다. 경수(가명)라는 청년이 내 눈에 들어왔다. 경수는 교회에서 살다시피 하면서 온갖 청년부 모임과 행사에 빠짐없이 참여했다. 기특한 생각이 들어 나는 경수에게 커피를 사주면서 이런 저런 개인적인 이야기를 나누었다. 경수의 전공이 궁금해서 대학에서 무엇을 공부하고 있는지 물었다. 수학이었다. 그런데 왠지 경수에게는 좀 안 어울리는 전공 같았다. 공부가 재미있냐고 물었더니 단번에 아니라는 답이 돌아왔다. 이번 학기 몇 개의 전공 과목에서 F학점을 받았다고 했다. 나는 낮은 학점의 이유에 대해서 조심스럽게 물어봤다.

"전공을 공부하는 것이 재미가 없어요. 그러니 공부하기가 싫고요. 그러다 보니 이렇게 되었네요."

경수의 어머니는 수학교사셨다. 어머니는 경수에게 교사만큼 좋은 직업이 없으니 수학을 전공해서 수학교사가 되라고 말씀하셨다. 문제는 수학이 경수의 은사가 아니었던 것이다. 은사가 없으니 공부하기가 싫고, 공부하기 싫으니 학점이 바닥으로 곤두박질 친 것이었다. 안타까운 마음이 들었다. 교회에서는 열심히 청년부를 섬기는 인정받는 아이였는데 학교에서는 적응을 못 하고 있었던 것이다. 이대로 나간다면 경수의 미래도 어두울 수밖에 없었다. 나는 스스로에게 물었다.

'지금까지 우리 청년부 공동체는 무엇을 했지? 한 청년이 예배에 잘 출석하고 각종 행사나 봉사에 잘 참여하면 그것으로 끝인가? 그 청년의 은사가 무엇이고, 그 은사에 따라 미래를 준비하도록 돕지 않아도 되는 것일까? 지금이라도 공동체가 함께 경수를 도와야 하지 않을까?'

이런 생각들로 머리가 복잡해졌다. 분명한 것은 이대로 경수를 두면 안 된다는 것이었다. 나는 그 때 결심했다.

'이제 공동체가 나설 때다. 경수가 자신의 은사를 찾도록 공동체가 도와야 한다.'

작은 자가 천을 이루는 영광

나는 경수에게 솔직하게 내 생각을 말했다.

"네 전공으로 수학이 안 맞는다."

경수는 놀란 눈으로 나를 쳐다봤다. 나는 내친김에 용기를 내 말했다.

"너 전공을 바꿔야 할 것 같다."

경수는 당황하며 말했다.

"저 그럼 엄마한테 죽어요."

나는 경수 어머니를 만났다. 그리고 수학이 경수에게 맞지 않는 전공인 것 같다고 말씀드렸다. 경수 어머니는 아무 말 없이 나를 쳐다보셨다. '네가 뭔데 내 아들의 일에 참견하느냐! 내 아들은 내가 더 잘 안다'는 무언의 메시지를 전달하시는 것 같았다. 나는 이대로 가면 경수가 졸업을 못 할 것이 분명하니 내가 앞으로 진로를 지도하겠다고 말씀드렸다.

그때부터 경수의 전공을 찾아 주기 위한 공동체의 노력이 시작되었다. 청년 부원들은 경수가 자신의 은사를 찾을 수 있도록 함께 기도하기 시작했다. 나는 경수의 은사가 무엇인지 더 자세히 살피기 시작했다. 분명한 것은 경수의 은사는 수학은 아니었다. 그런데 좀 지켜보니 경수는 다른 사람을 돕는 일에 유난히 열심이었다. 돕는 방법도 다양했다. 이야기를 들어 주기도 하고, 함께 놀아 주기도 했으며, 자기의 돈을 들여 어려운 친구들을 돕기도 했다. 몇 달의 관찰을 마치고 나는 경수를 불렀다.

"경수야, 내 생각에 네 전공은 사회사업이다. 공동체가 함께 기도해 주고 도와줄 테니 전공을 그쪽으로 바꿔라."

경수는 좀 주저하는 눈치였다. 그러나 용기를 내서 사회사업으로 전공을 바꾸었다. 결과는 대성공이었다. 경수는 각종 사회사업 과목을 재미있게 공부했다. 실습할 때는 더욱 빛났다. 다른 사람들을 돕는 것이 이미 몸에 밴 경수는 실습이 전혀 어렵지 않았다. 그렇게 열심히 공부하고 즐겁게 실습했다. 바닥을 치던 성적이 높은 학점으로 바뀌었다. 좋은 성적으로 졸업하면서 대표적인 기독교 사회사업 기관에 취업까지 했다. 이쯤 되니 경수 어머니의 태도가 완전히 바뀌었다. 다시 만났을 때 기쁨을 감추지 못하는 얼굴로 반갑게 인사를 건네셨다. 귀한 선물도 주셨다. 이게 이야기의 끝일까? 아니다.

경수는 자신이 취업한 사회사업 기관에서도 인정을 받았다. 다른 사람을 돕고 섬기는 것이 자기의 은사이니 성실하고 신나게 일했기 때문이었다. 특별히 사회사업을 위한 모금운동에 두각을 나타내며 일했다. 경수를 통해 많은 사람들이 도움을 얻었다. 열심히 일하다가 여러 사람의 권유로 경수는 사회사업을 더 공부하기 위해 독일 유학을 결심했다.

경수는 지금 독일에서 공부 중이다. 나는 경수가 한국에 돌아오면 기독교 사회사업에 귀한 일꾼이 될 수 있기를 기대한다.

경수는 나를 '영적 아버지'라고 부른다. 그래서 지금도 중요한 일이 있으면 내게 기도를 부탁한다. 낙제할 수밖에 없었던 인생이 좋은 공동체를 만나 하나님의 꿈을 찾고 그분께 영광을 돌리는 것을 보면 나는 한없이 기쁘다. 우리 공동체가 하나님의 은혜를 신뢰하며 서로를 세울 때 약한 자가 천을 이루게 될 것이라는 약속이 성취되어진다. 그리고 이 과정에서 역사를 이루어 가시는 하나님께서 영광을 받으신다.

> 그 작은 자가 천 명을 이루겠고 그 약한 자가 강국을 이룰 것이라 때가 되면 나 여호와가 속히 이루리라(사 60:22).

우리의 인생은 속히 간다. 너무 짧은 인생, 우리가 마지막까지 추구해야 할 것은 하나님의 영광이다. 너무 버겁게 들릴지 모른다. 아니다. 우리가 그분께 겸손히 나와 예배하면 가능한 일이다. 질주하던 삶을 멈추고 우리 삶의 주인이신 하나님께 예배할 때 그분은 영광을 받으신다. 예배를 마치고 우리는 다시 세상으로 나간다. 세상에서 다시 우리의 삶으로 그분께 영광을 돌려야 한다. 쉽지 않게 들릴지 모른다. 그렇다. 그래서 하나님은 우리에게 다양한 은사를 주셨다. 그 은사를 찾고 오늘도 충성스럽게 살아가자. 나머지는 그분께서 책임져 주실 것이다. 우리의 작음이 그분의 큰 은혜를 만나 마침내 하나님께 영광으로 드려진다.

| 에필로그 |

입고 싶은 옷을 찾아서

박사 가운

사우스웨스턴신학교에서 박사학위를 마치고 졸업식을 기다리고 있을 때였다. 학교에서 졸업식 가운을 준비하라는 연락이 왔다. 개인이 살 수도 있고, 학교에서 하루만 빌릴 수도 있다고 했다. 나는 돈을 아낄 목적으로 아내에게 졸업 가운을 빌리자고 했다. 사실 돈도 돈이지만 졸업하고 나면 목회를 할 계획이었기 때문에 굳이 교수 사역을 할 때 입어야 할 박사 가운이 필요 없다고 생각했다.

유학을 준비할 당시에 나는 교수가 되는 것을 목표로 하고 있었지만 몇 년간 생각의 변화가 있었다. 나는 젊었을 때부터 사람들을 가르치는 것을 좋아했다. 신학을 공부하면서 후에 반드시 나도 신학생들을 가르치는 일을 하리라 다짐했었다. 그래서 떠난 유학이었다.

공부는 힘들지 않았다. 주어진 기회에 감사했고, 즐겁게 공부했다. 그런데 공부와 병행했던 사역을 통해 목회에 대한 열망이 점점 더 커져 갔다. 논문을 마무리하면서 50일 저녁 금식기도를 드렸다. 교수 사역이든 교회 사역이든 열리는 곳으로 가겠다고 기도했다. 그러나 마음속으로는 목회를 더 원하고 있었던 것 같다.

졸업식이 점점 다가오고 있었다. 박사 가운을 빌리려고 하는 내게 아내는 말했다.

"여보, 박사 가운을 그냥 구입하는 것이 좋겠어요. 앞으로 어떻게 될지 모르잖아요."

아내는 내게 교수 사역이 열리길 바랐다. 후에 안 것이지만 한국에 와서 목회의 기회가 생기면 내가 기도하고, 교수 사역의 기회가 생기면 아내가 나 몰래 기도했다. 결국, 이런저런 과정 끝에 하나님은 아내의 손을 들어주셨다. 그때 깨달았다. 하나님의 뜻이 내 계획과는 정반대일 수 있다는 것을. 인정했다. 아내의 영성이 나보다 세다는 것을.

목사 가운

담임목사로 목회를 시작하고 첫 성찬식을 인도를 해야 하는 날이 다가오고 있었다. 장로님들은 내게 성찬 예식을 인도해야 하니 좋은 목사

가운을 하나 맞추자고 하셨다. 나는 정중히 거절했다.

"장로님들, 제게 좋은 가운을 해 주시려는 마음은 귀하게 받겠습니다. 그러나 저는 장로님들이 입으시는 것과 똑같은 가운을 입고 싶습니다."

장로님들께서 약간 당황하셨다.

"좋은 가운 얼마든지 입을 수 있습니다. 그러나 아무 무늬 없는 검은 가운이 제게는 더 좋습니다."

"…."

예수님의 죽으심을 기억하며 그분처럼 살겠다고 다짐하는 성찬식 날 무슨 화려한 가운을 입고 집례를 하겠는가. 장로님들은 고맙게도 내 의견을 받아주셨다. 나는 은퇴 장로님들이 입으셨던 가운 중에 적당한 것을 골라 입었다. 성찬식이 시작되었다. 내 안에, 성도들 안에 예수님의 은혜가 흐르는 것을 느낄 수 있었다.

몇 달 후 한 성도님께서 내게 좋은 가운을 선물로 주셨다. 나를 위해 준비하신 귀한 선물을 거절할 수 없었다. 내가 첫 성찬 예식 때 입었던 가운보다는 좀 더 장식이 들어간 가운을 입고 나는 거울 앞에 섰다. 그리고 깨달았다.

"처음엔 박사 가운, 지금은 목사 가운… 하나님이 내 옷을 갈아입히시는구나. 내가 갈아입는 것이 아니라 그분께서 갈아입히시는 것이구나. 어떤 옷을 입든지 그것을 잊지 말아야 하는구나."

진짜 입고 싶은 것

나는 에베소서를 묵상하고 설교하면서 내 인생에 진짜 입고 싶은 것을 발견했다. 바로 바울이 에베소서 4장 23절에서 말했던 '새 사람'(new self)이다. 이제 옷이 아닌 새 사람을 입고 싶다.

한때 박사 가운을 입고 교수가 되고 싶었다. 지금은 목사 가운을 입고 행복한 목회를 하고 있다. 내가 원했던 옷들을 하나님께서 입혀 주셨는데 내게 더 필요한 것이 있다는 것을 깨닫는다. 바로 의와 진리와 거룩함으로 지어진 새 사람이다.

하나님을 위해 산다고 했지만 내 욕심을 따라 살 때가 많았다. 그분의 뜻을 따라 산다고 했지만 내 계획을 따라 살 때가 많았다. 그렇게 하나님과 세상 앞에서 '옛 사람'(old self)의 모습으로 살아왔다. 그럼에도 불구하고 하나님은 나를 늘 기다려 주셨다. 이제는 세상과 사람이 만들어 주는 옷을 입고 그분 앞에 서고 싶지 않다. 그런 옷들을 입고 영혼들을 섬기고 싶지 않다. 그분이 주시는 새 사람을 입고 착하고 겸손하고 충성스럽게 살아가고 싶다. 속히 가는 인생 옛 사람을 입고 소중한 것을 허비하고 싶지 않다. 하나님께서 입혀 주시는 새 사람을 입고 찰

스 스터드(Charles T. Studd)의 고백처럼 주를 위해 살고 싶다.[37]

아버지여, 심오한 목적을 내게 주소서
기쁠 때나 슬플 때나 당신 말씀 품도록
어떤 풍파가 와도 신실하고 진실하게 하소서
하루하루 일상에서 당신만 기쁘시게 하도록
오직 한 번뿐인 인생, 속히 지나가리라
오직 그리스도를 위해 한 일만이 영원하리라

오, 나의 사랑이 뜨겁게 타오르게 하소서
이제는 세상에서 돌이키게 하소서
당신 위해 살기 위해, 오로지 당신만 위해
보좌에 계신 당신께 나 기쁨을 드리리니
오직 한 번뿐인 인생, 속히 지나가리라
오직 그리스도를 위해 한 일만이 영원하리라

오직 한 번뿐인 인생, 단 한 번뿐인 인생
나 지금 구하오니 주님의 뜻 이루소서
마침내 하늘 부르심을 받는 그 날
나는 고백하리, 주님 위해 살 가치가 있었다고
오직 한 번뿐인 인생, 속히 지나가리라
오직 그리스도를 위해 한 일만이 영원하리라

| 주 |

1) 김난도 외, 『트렌드 코리아 2013』(서울: 미래의 창, 2013), 185.
2) 김난도, 앞의 책, 185.
3) 국민일보, 2015년 8월 28일 기사, "5포 7포를 넘어 'n포 세대' 좌절."
4) 2014년 브로의 신곡 "그런 남자".
5) 현각에 대한 대략적인 사항은 다음을 참조했다. 조선닷컴, 2010년 12월 11일 기사, "현각이 한국을 떠난 까닭은?"
6) 앞의 기사.
7) 쉬운성경, 사도행전 22장 3절, 28절 후반절.
8) 쉬운성경, 빌립보서 3장 4-7절 전반절.
9) 크리스천투데이, 2012년 5월 10일 기사, "동양선교교회 박형은 목사, 자녀 넷 낳고도 둘 입양한 사연."
10) 박형은 목사의 facebook, 2013년 6월 19일 게시물.
11) 박형은 목사의 facebook, 2013년 7월 13일 게시물.
12) 박형은 목사의 facebook, 2013년 8월 30일 게시물.
13) 정재민, "스마트 미디어 시대의 문화 전경", 김동욱, 『다가온 스마트 라이프』(서울: 삼인, 2012), 102.
14) 이어지는 예화는 다음의 책을 수정 번역하였다. Gary Smalley and John Trent, The Keys to Growing in Love (New York :Sterling Publishing, 1996), 159-160.
15) 현대어성경, 에베소서 1장 8, 9절.
16) 존 스토트, 『에베소서 강해: 하나님의 새로운 사회』, 정옥배 역 (서울: IVP, 2007), 53.
17) 요세푸스(Josephus), 유대 고대사(Antiquities of the Jews) xv. 11. 5.를 참고하라. 다음 주소의 온라인에서 영문을 무료로 볼 수 있다: http://sacred-texts.com/jud/josephus/ant-15.htm
18) 요세푸스, 유대 고대사 xv. 11. 5.
19) 이후 마지막 단락까지는 본인의 책『비상, 영성과 전문성으로 날아올라라』(서울: 생명의말씀사, 2011), 123-24를 사용했다.

20) 바른성경, 사도행전 19장 21절.
21) 리처드 스턴스, 『구멍난 복음』, 홍종락 역 (서울: 홍성사, 2009), 21-22.
22) 스턴스, 앞의 책, 23-25.
23) 스턴스, 앞의 책, 22.
24) 엡 1:3, 4, 7, 9, 10, 12, 20; 2:6, 7, 10, 13; 3:6, 11.
25) 쉬운성경, 베드로전서 2장 9절 전반절.
26) '성공'과 유사 의미인 '형통함'은 성경에 10번 다음 구절에 쓰였다. 창 24:42; 신 23:6; 시 73:3; 106:5; 122:7; 잠 24:1, 19; 사 55:11; 애 1:5; 슥 9:17. 다른 유사어 '잘됨'은 성경에서 1번, 요삼 1:2에서 쓰였다.
27) 우리말성경, 사도행전 26장 24절. 후반절.
28) 우리말성경, 사도행전 26장 25절.
29) 우리말성경, 사도행전 26장 28절.
30) 쉬운성경, 사도행전 26장 29절.
31) 존 스토트, 『에베소서 강해: 하나님의 새로운 사회』, 23. 책의 번역을 저자가 의역으로 바꾸었다. 원 번역자는 다음과 같이 번역했다. "에베소서는 중보다."
32) 예를 들어 ESV는 다음과 같이 번역했다. "But grace was given to each one of us according to the measure of Christ's gift."
33) 새번역성경, 에베소서 4장 7절.
34) '그러나' 저자 삽입.
35) ESV, NAS, KJV 등.
36) 쉬운성경, 4장 7절.
37) 찰스 스터드(Charles T. Studd, 1860-1931)의 'Only One Life'의 일부. 영문 시와 그에 대한 번역은 하이패밀리(Hi Family) 자료실 2013년 6월 3일 게시물을 참고하라.

사명선언문

너희가 흠이 없고 순전하여……세상에서 그들 가운데 빛들로
나타내며 생명의 말씀을 밝혀 _ 빌 2:15-16

1. 생명을 담겠습니다
만드는 책에 주님 주신 생명을 담겠습니다.
그 책으로 복음을 선포하겠습니다.

2. 말씀을 밝히겠습니다
생명의 근본은 말씀입니다.
말씀을 밝혀 성도와 교회의 성장을 돕겠습니다.

3. 빛이 되겠습니다
시대와 영혼의 어두움을 밝혀 주님 앞으로 이끄는
빛이 되는 책을 만들겠습니다.

4. 순전히 행하겠습니다
책을 만들고 전하는 일과 경영하는 일에 부끄러움이 없는
정직함으로 행하겠습니다.

5. 끝까지 전파하겠습니다
모든 사람에게, 땅 끝까지, 주님 오시는 그날까지
복음을 전하는 사명을 다하겠습니다.

서점 안내

광화문점	서울시 종로구 새문안로 69 구세군회관 1층 02)737-2288(T) 02)737-4623(F)
강남점	서울시 서초구 신반포로 177 반포쇼핑타운 3동 2층 02)595-1211(T) 02)595-3549(F)
구로점	서울시 구로구 시흥대로 577 3층 02)858-8744(T) 02)838-0653(F)
노원점	서울시 노원구 동일로 1366 삼봉빌딩 지하 1층 02)938-7979(T) 02)3391-6169(F)
분당점	경기도 성남시 분당구 황새울로 315 대현빌딩 3층 031)707-5566(T) 031)707-4999(F)
신촌점	서울시 마포구 서강로 144 동인빌딩 8층 02)702-1411(T) 02)702-1131(F)
일산점	경기도 고양시 일산서구 중앙로 1391 레이크타운 지하 1층 031)916-8787(T) 031)916-8788(F)
의정부점	경기도 의정부시 청사로47번길 12 성산타워 3층 031)845-0600(T) 031) 852-6930(F)
인터넷서점	www.lifebook.co.kr